CARTAS EXTRAORDINÁRIAS:

AMOR

Organização
SHAUN USHER

CARTAS EXTRAORDINÁRIAS: AMOR

Tradução Mariana Delfini

Companhia Das Letras

Publicado mediante acordo com a Canongate Books Ltd.,
14 High Street, Edimburgo EH1 1TE.

Grafia atualizada segundo o Acordo Ortográfico da Língua Portuguesa de 1990, que entrou em vigor no Brasil em 2009.

Título original: Letters of Note: Love
Capa: Letícia Naves – Estúdio Bogotá
Ilustração de capa: Rafael Nobre
Projeto Gráfico: Estúdio Bogotá
Preparação: Lígia Azevedo
Revisão: Angela das Neves e Clara Diament

Dados Internacionais de Catalogação na Publicação (CIP)
(Câmara Brasileira do Livro, SP, Brasil)

Cartas extraordinárias: amor / organização Shaun Usher ;
tradução Mariana Delfini. – 1ª ed. – São Paulo:
Companhia das Letras, 2020.
Título original: Letters of Note: Love.
ISBN 978-85-359-3332-1
1. Amor 2. Cartas – Correspondência I. Usher, Shaun.

20-33497 CDD-808.8693543

Índice para catálogo sistemático:

1. Cartas : Coletâneas : Literatura 808.8693543
Cibele Maria Dias - Bibliotecária - CRB-8/9427

[2020]

EDITORA SCHWARCZ S.A.
Rua Bandeira Paulista, 702, cj. 32
04532-002 — São Paulo — SP
Telefone: (11) 3707-3500
www.companhiadasletras.com.br
www.blogdacompanhia.com.br
facebook.com/companhiadasletras
instagram.com/companhiadasletras
twitter.com/cialetras

Para Karina

SUMÁRIO

Uma carta é uma bomba-relógio, uma mensagem numa garrafa, um feitiço, um grito de ajuda, uma história, uma manifestação de preocupação, uma colherada de amor, uma maneira de se conectar com as pessoas através das palavras. Essa forma de arte simples e brilhantemente democrática continua sendo um poderoso canal de comunicação e, independentemente da revolução tecnológica em que nos encontramos, a carta vive e, tal como a literatura, sempre viverá.

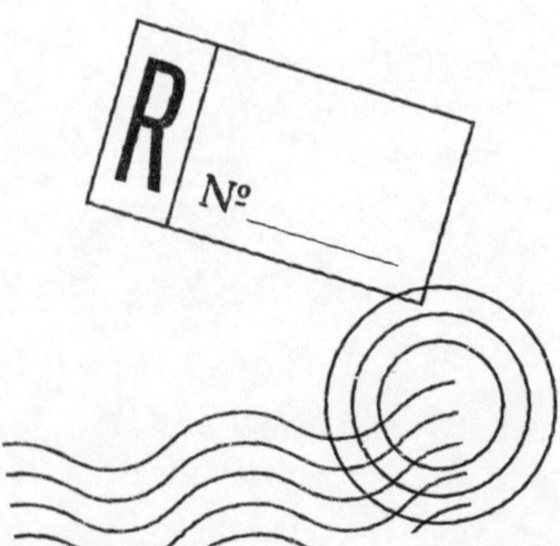

INTRODUÇÃO

Nada tem tanto poder quanto o amor. É a força que nos une. Nos momentos mais sombrios, nas épocas mais duras, seu ímpeto inabalável nos leva a insistir e nos dá o estímulo de que precisamos para seguir em frente. De fato, quando estamos inebriados de amor, unidos a alguém em um nível tão fundamental, acreditamos que podemos conquistar qualquer coisa, superar qualquer obstáculo que a vida ousar colocar em nosso caminho, lutar até a morte se preciso para proteger aquilo que nos é mais caro.

Eu diria que o amor é o que mais próximo temos de um superpoder. Mas nem tudo são flores, e um amor que naufragou pode, sem aviso e de uma hora para outra, nos derrubar, destruindo a vida que ele um dia enfeitou. A dor esmagadora e sem fim que pode ocupar o vácuo deixado por um amor perdido não se parece com nenhum outro sentimento, de modo que é quase impossível descrever o que ela provoca. É a vida sem cor. Um filme sem som. Entregar-se completamente ao amor é baixar toda a guarda, e o fato de continuarmos tentando encontrar o amor, apesar do imenso risco emocional, atesta seus imensuráveis benefícios.

Não é surpresa alguma, portanto, que a carta, nossa forma de comunicação mais íntima, tenha se mostrado um meio tão popular para transmitir e discutir o amor, *algo* tão especial que é difícil de explicar no papel, apesar de ter sido descrito por muitos como a única linguagem universal. Neste livro, uma seleção de cartas busca ilustrar nossa relação complexa com essa energia arrebatadora, trazendo, por exemplo, conselhos de um pai para o filho que está sofrendo por amor, com sábias palavras que valem para pessoas de todas as idades, e a súplica que levou à anulação da proibição de casamentos inter-raciais nos Estados Unidos, escrita por uma mulher com um sobrenome tão perfeito que parece mentira. Você também vai encontrar um pedido de casamento de 1866, objetivo e sem romantismo algum, que pode provocar gargalhadas de fazer chorar e um profundo suspiro de pena, e uma carta desesperada de um homem escravizado de coração partido, que conseguiu fugir e está escrevendo para o homem que o ajudou a escapar, pedindo ajuda para localizar sua querida esposa. E, é claro, você vai encontrar inúmeros exemplos de cartas de amor em sua mais pura forma — cartas para pessoas amadas, cartas para pessoas que já morreram, cartas que nunca foram enviadas —, um tipo de correspondência sem equivalente contemporâneo, a que milhões de pessoas, inclusive eu, devemos tanto.

Foi em setembro de 2002 que minha obsessão por cartas despontou, provocada pela correspondência de longa distância com uma nova namorada que teve de se mudar para um lugar a centenas de quilômetros, ainda que por apenas dez meses. A expressão "redes sociais" ainda estava por ser popularizada, e trocar e-mails parecia exótico na época, por isso nossa decisão de mantermos contato "à moda antiga" soava quase natural. Não tínhamos imaginado que nossas cartas seriam tão divertidas e inspiradoras, nem que ganharíamos um presente tão perfeito no começo do nosso relacionamento.

Karina e eu nos casamos em 2012. Este livro é para ela.

Shaun Usher
2020

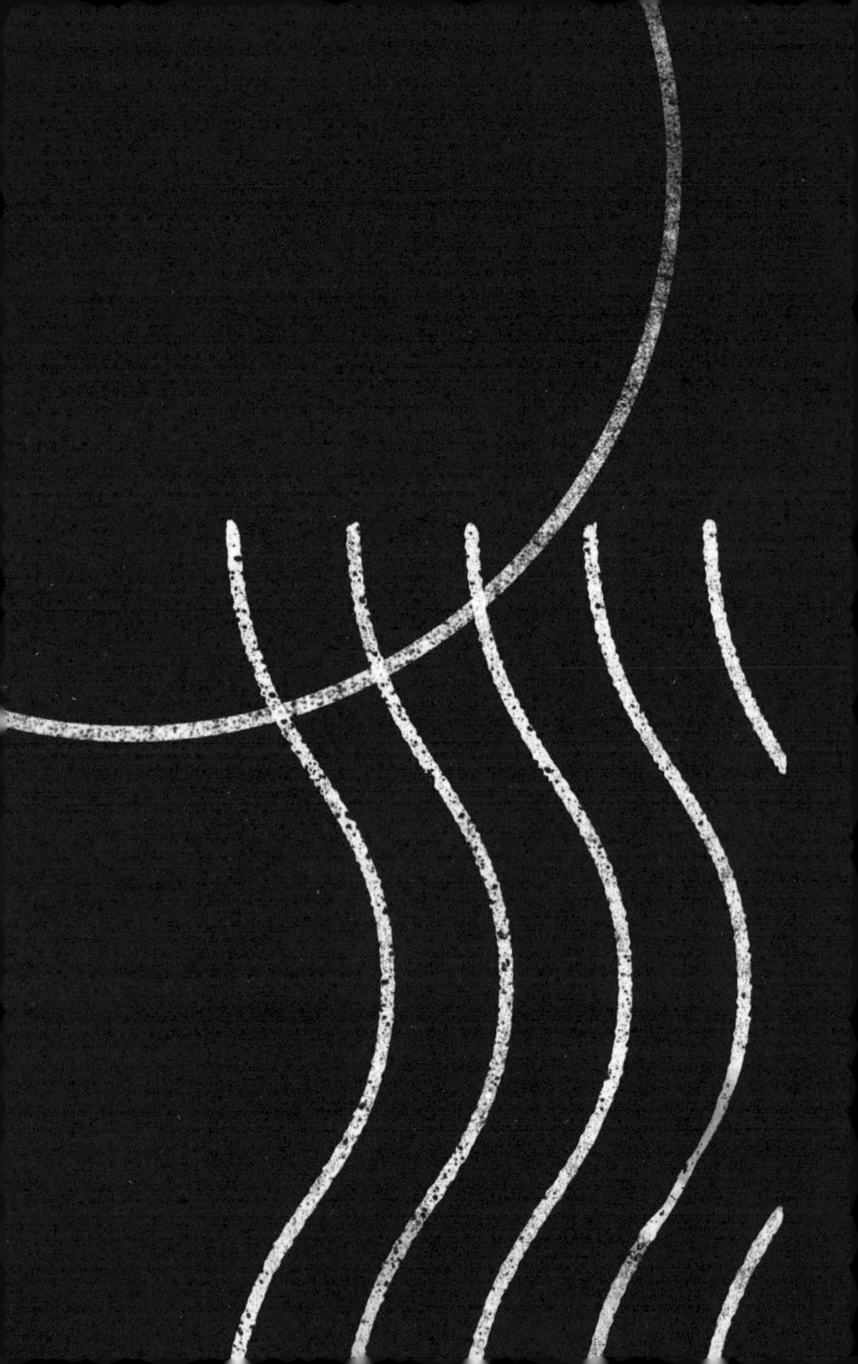

AS CARTAS

SELO

ENTREGA ESPECIAL

CARTA Nº 01

O QUE É BOM NÃO ESCAPA

De John Steinbeck *para* Thom Steinbeck

10 de novembro de 1958

Nascido em 1902 na Califórnia, John Steinbeck continua sendo um dos grandes nomes da literatura por seus romances clássicos As vinhas da ira, A leste do Éden *e* Ratos e homens. *Quando completou sessenta anos, seu status foi consolidado pelo Nobel de literatura, honraria concedida a poucos. Como a maioria dos escritores dos anos 1950, Steinbeck era um missivista entusiasmado: com um estilo simples, manteve correspondência com todo tipo de gente, de colegas autores a presidentes dos Estados Unidos. Em 1958, quatro anos antes do grande prêmio, Steinbeck escreveu para o filho de catorze anos sua melhor e mais importante carta. Na época, Thomas frequentava um colégio interno e tinha se apaixonado por uma garota. Ele precisava de alguns conselhos paternais.*

10 de novembro de 1958

Querido Thom:

Recebemos sua carta hoje de manhã. Vou lhe dizer o que acho, e, naturalmente, Elaine vai lhe expor o ponto de vista dela.

Primeiro — se você está apaixonado — ótimo — essa é a melhor coisa que pode acontecer com qualquer pessoa. Não deixe que ninguém deprecie isso.

Segundo — existem vários tipos de amor. Existe o amor egoísta, mesquinho, avarento, presunçoso, voltado para si mesmo. Esse é o tipo feio, o amor nocivo. E existe o amor que é um transbordamento de tudo o que você tem de melhor — generosidade, consideração, respeito — não só o respeito social das boas maneiras, mas o respeito maior que é o reconhecimento do outro como um ser único e precioso. O primeiro tipo pode diminuí-lo, debilitá-lo, deixá-lo doente; mas o segundo pode fazer aflorar uma força, uma coragem, uma bondade e até mesmo uma sabedoria que você não sabia que tinha.

Você diz que não é uma paixonite. Se é tão profundo — claro que não é uma paixonite.

Mas não acho que você quer que eu defina o que está sentindo. Você sabe o que sente melhor que ninguém. O que deseja é que eu lhe diga o que fazer com esse sentimento — e nisso eu posso te ajudar.

Deleite-se com ele, antes de tudo, e agradeça por senti-lo.

O objeto do amor é o melhor e o mais belo. Procure estar à altura dele.

Se você ama alguém — não há mal nenhum em dizer isso — mas você deve se lembrar que algumas pessoas são muito tímidas e às vezes é preciso levar essa timidez em consideração.

As meninas sabem ou percebem o que você sente, mas, em geral, também gostam que você diga.

Pode acontecer de o seu sentimento não ser correspondido, por um motivo ou outro — mas isso não o torna menos valioso ou pior.

Por fim, eu entendo o que você sente porque é a mesma coisa que eu sinto, e fico feliz que você também o sinta.

Teremos muito prazer em conhecer a Susan. Ela será muito bem-vinda. Mas Elaine vai combinar tudo com você, porque isso é função dela, e o fará com o maior prazer. Ela também sabe o que é o amor e talvez possa ajudá-lo mais que eu.

E não se preocupe com as perdas. Se é para ser, será — O importante é não ter pressa. O que é bom não escapa.

Com amor,
Pá

CARTA Nº 02

MENOS QUE ISSO, NÃO CONSIGO

De Simone de Beauvoir *para* Nelson Algren

10 de setembro de 1950

Os filósofos franceses Simone de Beauvoir e Jean-Paul Sartre passaram a maior parte da vida juntos, num relacionamento complexo e extraordinário que durou 51 anos, até a morte de Sartre, em 1980. Outros parceiros foram e vieram ao longo dos anos. Em 1947 Simone conheceu Nelson Algren, um romancista a quem ela não resistiu, apesar da longa distância que os separava. Eles se corresponderam por dezoito anos. Em 1950, ao voltar para casa de Chicago, cidade de Nelson, depois de uma viagem sem amor que deixou claro o fim do caso de que ela tanto desfrutara, Simone lhe escreveu uma carta.

Hotel Lincoln, Nova York
30 de setembro de 1950

Nelson, meu mais querido e amado,

Você tinha acabado de sair quando um homem se aproximou sorrindo e me deu essa flor linda e louca, com os dois passarinhos e o amor do Nelson. Isso quase me fez perder a compostura: foi difícil "não chorar mais". No entanto, sou mais da tristeza árida que do ódio frio, pois meus olhos continuam secos até agora, tão secos quanto um peixe defumado, mas por dentro meu coração parece um mingau espesso e sujo. Passei uma hora e meia esperando no aeroporto, por causa do mau tempo; o avião que vinha de Los Angeles não tinha sido capaz de pousar nessa neblina. Você fez bem em partir, essa espera final é sempre longa demais, mas foi bom você ter vindo. Obrigada pelas flores e por ter vindo, para não falar do resto. Então eu fiquei esperando com a flor roxa no peito, fingindo ler o suspense de MacDonald, e logo decolamos. A viagem foi tranquila — nenhum chacoalhão. Não dormi, fingi o tempo todo ler o suspense e fiquei te acarinhando no meu coração besta e sujo.

Nova York estava uma beleza: quente, ensolarada e cinzenta ao mesmo tempo. Que cidade esplendorosa! Não quis machucar meu coração indo até o Brittany. Escolhi o Lincoln, onde desembarquei três anos atrás, quando não conhecia ninguém no continente inteiro e nem imaginava que ficaria tão estranhamente presa a Chicago. Peguei exatamente o mesmo quarto de antes, um pouco mais perto do céu, mas idêntico. Que esquisito me ver de novo nesse passado tão distante! Como três anos atrás, fui ao salão de beleza do Lincoln: sem problemas também, o hotel parece vazio, o salão de beleza, vazio. Comprei a caneta para Olga, que fez catorze, então estou feliz por você ter me dado tantos dólares; vai ser suficiente. E andei e andei pela cidade, ao longo dessa Terceira Avenida que percorremos inteira na última noite, dois anos atrás, e em torno do Brittany, também, e mais uma vez eu te encontrava em todos os lugares e me lembrava de tudo. Vaguei pelo Washington Park, onde tem uma espécie de mercado de pulgas e pinturas feias à venda; subi no ônibus na Quinta Avenida e vi a noite cair sobre Nova York.

Agora são nove, só comi um sanduichinho desde o avião, não durmo desde Wabansia; estou absurdamente cansada. Vim para o quarto escrever para você e beber uísque. Mas não vou conseguir dormir agora. Sinto Nova York ao meu redor, e atrás de mim o nosso verão. Vou para a cama agora. Vou descer e ficar andando e sonhando, até estar absolutamente exausta.

Não estou triste. Estou mais é aturdida, muito distanciada de mim, sem acreditar que você está agora tão longe, tão longe — você, tão perto. Quero te dizer duas coisas antes de partir, e então não falarei mais disso, prometo. Em primeiro lugar, espero muito, quero e preciso muito te encontrar de novo algum dia. Mas *lembre-se, por favor*, de que eu nunca mais vou *pedir* para te encontrar — não por orgulho, porque não tenho disso com você, como sabe; mas nosso encontro só vai significar alguma coisa quando você assim quiser. Então vou esperar. Quando você quiser, é só dizer. Não vou supor que você voltou a me amar nem mesmo que precisa dormir comigo, e não precisamos ficar juntos por muito tempo — será como você tiver vontade, e quando tiver vontade. Mas saiba que estarei sempre esperando você me chamar. Não, não consigo imaginar que não vou te ver de novo. Perdi seu amor, e isso foi (e é) dolorido, mas não vou perder *você*. Enfim, Nelson, eu sou tão sua, o que você me deu significou tanto, que você nunca poderia tirar isso de mim. E sua gentileza e amizade foram tão importantes para mim que ainda me sinto confortada, e feliz, e absurdamente grata quando olho para você dentro de mim. Espero que essa gentileza e essa amizade nunca, nunca me abandonem. Quanto a mim, é desnorteante dizer isso, e me envergonho, mas esta é a única verdade: amo como te amei quando caí nos seus braços desiludidos, isto é, com todo o meu ser e meu coração sujo por inteiro; menos que isso, não consigo. Mas isso não vai te incomodar, querido, e não me escreva uma carta por obrigação, só escreva quando tiver vontade, sabendo que isso sempre me deixará muito feliz.

Bom, todas as palavras parecem bobas. Você parece tão perto, tão perto, me deixe me aproximar de você também. E me deixe, como antes, ficar em paz com o meu coração, para sempre.

Sua Simone

R
Nº
VIA AÉREA
PAR AVION

CARTA Nº 03

SAIBA QUE TEM ALGUÉM QUE TE AMA

De Dorothy Freeman *para* Rachel Carson

Dezembro de 1963

Em 1953, nove anos antes da publicação de Primavera silenciosa, *seu tratado inovador e de importância sem tamanho, a pioneira bióloga marinha Rachel Carson recebeu uma carta de uma fã chamada Dorothy Freeman, ponto de partida para uma correspondência que durou uma década e criou laços estreitos entre elas. Suas cartas tratavam de todos os assuntos que se pode imaginar, e elas falavam abertamente sobre amor. Dez anos depois do primeiro contato e quatro meses antes de Carson morrer de um ataque cardíaco em consequência do câncer que ela tratou por algum tempo, Freeman enviou para sua querida amiga sua tradicional carta de Natal — a última que escreveria para ela.*

Querida Rachel,

Já faz dez anos, querida, desde aquela primeira mensagem de Natal. O que posso dizer agora, dez anos depois, que não disse em 1953? As palavras talvez sejam diferentes, mas o mote — eu preciso de você, eu te amo — é o mesmo. Eu precisava de você pela compreensão e pelo companheirismo que ninguém mais podia me dar, e hoje ainda preciso de você assim, e até mais. Como eu te amei antes, por você e por tudo o que representa, ainda hoje eu te amo — com calor e seriedade e desejo.

Assim, agradeço este Natal por esses dez anos — anos que enriqueceram, sim, e até mudaram a minha vida. Esses anos — de alegria e tristeza para nós duas. Se dividimos as alegrias, também dividimos as tristezas. Por vezes me pego pensando como eu teria suportado as profundezas sem o amparo do seu amor. Sei que, sem você, a vida naqueles dias sombrios não teria valido a pena.

Mas por hoje não falarei da escuridão. Quero falar do encanto em que tenho vivido por sua causa: as belezas da natureza que dividimos, em todas as suas formas; o mundo dos livros e as pessoas neste mundo; o companheirismo na música; mas acima de tudo de como você me inspira. Por tudo isso, e por tanto mais que as palavras não são capazes de expressar, minha gratidão não tem limites. Há tantos momentos encantadores para buscar na memória — se eu tentasse catalogá-los, nunca deveria parar.

Ontem, no crepúsculo, o céu limpo do oeste estava incandescente com o laranja em fogo que é ainda mais bonito se visto pelas silhuetas dos abetos da nossa floresta do Maine. O brilho da estrela da tarde, um diamante, durou ainda uma hora. Abaixo dela, o primeiro cintilar débil do crescente da lua nova, que vai ser a lua do Natal — e que (ah, que alegria) vamos dividir. Na extremidade dela, uma estrela pontuava a cena! Nem preciso dizer o que aconteceu com os meus olhos. Essa lua guarda promessas, pois ficará cheia em 30 de dezembro.

Quando ler isso, não importa a hora, saiba por favor que os meus braços estão metaforicamente te enlaçando. Então feche os seus olhos e saiba que tem alguém que te ama.

Que o seu Natal seja abençoado.

Com todo o meu amor, sempre,
Dorothy

CARTA Nº 04

MINHA ALMA ESTÁ PERTURBADA

De Isaac Forman *para* William Still

7 de maio de 1854

Em dezembro de 1853, Isaac Forman, aos 23 anos, aproveitou uma oportunidade rara de se livrar de uma vida de escravidão em Norfolk, no estado da Virgínia, e fugiu para Toronto, no Canadá. Ele abandonou sua proprietária de longa data, sra. Sanders. No entanto, para seu grande pesar, deixou sua esposa para trás — escravizada também, mas por outro proprietário, em Richmond. Restam poucos vestígios da vida de Isaac Forman. Graças a esta carta, porém, não há dúvidas de que a vida sem o amor da esposa era insuportável. A carta foi enviada para William Still, um conhecido "condutor" da Underground Railroad, uma rede secreta de pessoas, lugares e caminhos pelos quais milhares de escravizados, como Forman, fugiram.

Toronto, 7 de maio de 1854

SR. W. STILL: — Caro senhor — Aproveito esta oportunidade de lhe escrever estas poucas linhas e espero que elas o encontrem bem. Gostaria de ter escrito antes, mas estava aguardando notícias de meu amigo, o sr. Brown. Acredito que um trabalho importante seja a razão de ele não ter escrito antes. Caro senhor, nada teria me impedido de escrever nesta atual situação, exceto a morte.

Minha alma está perturbada, minhas preocupações são indescritíveis. Com frequência me sinto como se quisesse morrer. Preciso encontrar minha mulher em breve, senão eu vou morrer. O que eu não faria para isso, nenhum idioma é capaz de expressar. Apenas para contemplar seus lábios doces por um instante, estaria disposto a morrer em seguida. Estou decidido a encontrá-la em algum momento. É deplorável sequer imaginar voltar a ser escravizado. Espero que o céu sorria para mim mais uma vez, antes que eu volte a ser um novamente. Em breve deixarei de novo o Canadá, mas não digo para onde vou, talvez ao fundo do oceano. Se, quando fui embora, eu soubesse o que sei hoje, não teria partido antes de encontrar meios de trazê-la comigo. O senhor nunca sofreu por estar sem a esposa, como eu sofro. Isso me parece quase superior à morte, e espero que você faça tudo o que puder por mim, e descubra entre seus amigos se eles não podem fazer algo para me ajudar. Por favor, me escreva assim que receber esta mensagem e diga algo que possa reavivar meu ânimo debilitado. Faça-me o favor de falar com o sr. Brown e pergunte se ele iria até Richmond ver minha esposa e descobrir quais arranjos pode fazer com ela. Estou disposto a pagar por todas as despesas da viagem de ida e volta. Por favor, fale com o sr. Bagnel e com o sr. Minkins e pergunte se eles têm visto minha esposa. Estou decidido a encontrá-la, ainda que morra em seguida. Posso dizer que já fui feliz, mas nunca mais serei de novo até vê-la; pois o que é a liberdade para mim se sei que minha esposa é escravizada? As pessoas que o senhor embarcou há algumas semanas permaneceram em St. Catherine, em vez de vir para Toronto. Enviei-lhe duas cartas na semana passada e espero que o senhor possa lhes dar atenção. O correio está fechado, então segue junto a esta carta o dinheiro para pagar o envio, e, por favor, me escreva o mais rápido possível.

Continuo sendo seu mais obediente servo,

I. FORMAN

"PRECISO ENCONTRAR MINHA MULHER EM BREVE, SENÃO EU VOU MORRER."

ISAAC FORMAN

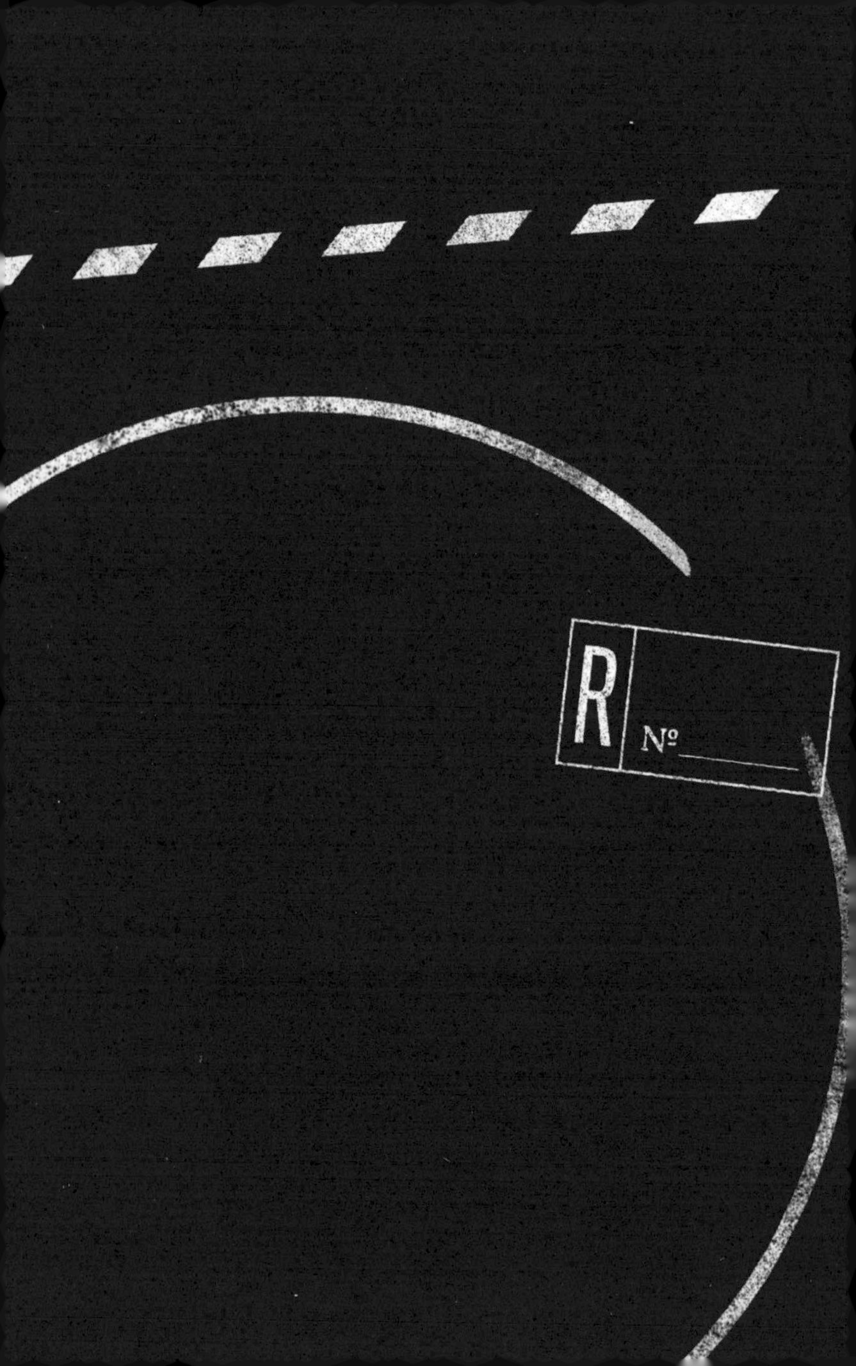
R
Nº

CARTA Nº 05

VOCÊ AINDA É SUPERIOR A TUDO ISSO

De Juliette Drouet *para* Victor Hugo

1835

A atriz francesa Juliette Drouet foi amante de Victor Hugo, autor de Os miseráveis, *por cinquenta anos, até morrer, em 1883. Eles se conheceram nos bastidores de* Lucrécia Bórgia, *peça que ele escreveu e ela estrelava, em 1833. Na época, a esposa de Hugo, Adèle Foucher, vivia um romance com o lendário crítico Charles Augustin Sainte-Beuve, de modo que Hugo não teve muitos pudores em embarcar no caso com Drouet. Por meio século, Drouet foi completamente devota a ele e lhe escreveu todos os dias — em alguns, até mais de uma vez. Dezenas de milhares de suas cartas sobreviveram. Esta é apenas uma delas.*

Sexta-feira, 20h

Se eu fosse uma mulher inteligente, meu lindo passarinho, eu te diria como em você se reúnem as belezas da forma, da plumagem e da canção! Eu te diria que você é a maravilha dentre todas as maravilhas, dentre as que existem e as que jamais existiram, e não estaria dizendo nada além da verdade. Mas, para expressar isso tudo, meu magnífico, eu precisaria de uma voz tão mais harmoniosa que esta concedida à minha espécie — pois eu sou a humilde coruja de que você tem zombado tanto. Assim, não cabe a mim te dizer quão deslumbrante e resplandecente você é. Deixo isso aos pássaros de doces canções, cantando e assoviando; e eles, como você bem sabe, não são menos belos e gratos.

Concedo a eles o cuidado de te observar, te ouvir e te admirar. A mim reservo o direito de amar; talvez isso seja menos atraente de ouvir, mas é mais doce ao coração. Eu te amo, eu te amo, meu Victor. Não posso reiterar com muita frequência; nunca vou conseguir expressar o quanto sinto.

Em tudo de belo que vejo eu reconheço *você* — nas belas formas, nas belas cores, nos perfumes suaves, nos sons harmoniosos: tudo isso significa *você* para mim. Você ainda é superior a tudo isso. Você não é só o espectro solar com as sete cores luminosas, você é o próprio sol, que ilumina, aquece e revivifica o mundo todo! É isso que você é, e eu sou apenas uma mulher que te adora.

Juliette

SELO

CARTA Nº 06

NUNCA AMEI ANTES COMO AMO VOCÊ

De Vladimir Nabokov *para* Véra Slonim

8 de novembro de 1923

Foi fascinante o relacionamento de cinquenta anos entre Vladimir Nabokov e Véra Slonim. Ambos nasceram em São Petersburgo, na Rússia — ele, em 1889, e ela, três anos depois —, e se conheceram em um baile em Berlim, em 1923, quando ela, usando uma máscara de arlequim, recitou de memória um de seus poemas. Casaram-se dois anos depois. Enquanto Nabokov se concentrava na escrita de algumas das melhores obras de ficção já criadas, Slonim trabalhava como sua interlocutora, musa, editora, agente, tradutora, motorista, gerente e dizem que também como sua guarda-costas de arma em punho. Ela chegou a salvar do fogo o manuscrito de Lolita, *que o marido, hesitante, em mais de uma ocasião quase destruiu. Ela era tudo para ele, e ele para ela, e as muitas cartas de amor de Nabokov transbordam adoração. Este belo exemplar foi redigido meses depois do primeiro encontro deles.*

Para: Landhausstrasse, 41
Berlim W.
8 de novembro de 1923

Como posso te explicar, minha felicidade, minha felicidade maravilhosa e dourada, que sou inteiro seu — com todas as minhas memórias, poemas, explosões, turbilhões internos? Ou explicar que não consigo escrever uma palavra sem ouvir como você vai pronunciá-la — e que não me recordo de nem sequer uma ninharia que eu tenha vivido sozinho sem o arrependimento — lancinante! — de não tê-la vivido com você — fosse algo do mais íntimo, do mais impossível de comunicar — ou apenas um ou outro pôr do sol numa curva de estrada — entende o que quero dizer, minha felicidade?

E eu sei: não consigo te dizer nada com palavras — e quando o faço, ao telefone, elas saem tortas. Porque com você é preciso falar lindamente, como se fala com quem se foi há tempos, entende o que quero dizer?, em termos de pureza e leveza e precisão espiritual — mas eu — *je patauge* de um jeito terrível. Mas você pode se machucar por causa de um diminutivo malposto — pois você é tão absolutamente retumbante — como a água do mar, minha querida.

Eu juro — e o borrão de tinta não tem nada a ver com isso — juro por tudo o que me é mais querido, tudo em que acredito — juro que nunca amei antes como amo você —, com tamanha ternura — até às lágrimas — e com tanto resplendor. Nesta página, meu amor, eu comecei a escrever um poema para você e sobrou este tracinho inconveniente — perdi o passo. Mas não tenho outro papel. E, mais que tudo, quero que você seja feliz, e me parece que eu posso te dar essa felicidade — uma felicidade ensolarada, simples —, e não uma qualquer.

E você deve me perdoar pela mesquinharia — penso nela com aversão agora — *praticamente* — vou enviar esta carta amanhã — e ainda assim estou disposto a te dar todo o meu sangue, se preciso for — é difícil explicar — parece raso — mas é assim que funciona. Olhe, vou te dizer — com meu amor eu poderia ter enchido dez séculos de fogo, canções e bravura — dez séculos inteiros, imensos e alados — cheios de cavaleiros percorrendo colinas abrasadoras — e lendas sobre gigantes — e troianos furiosos — e velas cor de laranja — e piratas — e poetas. E isso não é literatura, pois se você reler com atenção vai ver que os cavaleiros acabaram por se revelar gordos.

Não — quero apenas te dizer que por algum motivo não consigo imaginar a vida sem você — apesar de você achar que é "divertido" não te ver por dois dias. E, você sabe, no fim das contas não foi de forma alguma Edison que inventou o telefone, mas algum outro americano, um homenzinho quieto de cujo nome ninguém se lembra. Ele fez por merecer.

Ouça, minha felicidade — você não dirá de novo que estou te torturando? Como eu gostaria de te levar comigo para algum lugar — como aqueles salteadores de antigamente, sabe?: chapéu de aba larga, máscara negra e mosquete boca de sino. Amo você, quero você, preciso de você com uma urgência insuportável... Seus olhos — que brilham fascinados quando, com a cabeça jogada para trás, você conta alguma coisa engraçada — seus olhos, sua voz, seus lábios, seus ombros — tão claros, ensolarados...

Você entrou na minha vida — não como se chega para uma visita (sabe como?, sem nem tirar o chapéu), mas como se entra em um reino em que seu reflexo era aguardado por todos os rios; seus passos, por todos os caminhos. O destino buscando corrigir seu erro — como se tivesse pedido meu perdão por todas as decepções prévias. Então como posso te deixar, meu conto de fadas, meu sol? Veja você, se eu tivesse te amado menos, teria sido *obrigado* a partir. Mas dessa maneira — não faz sentido. Tampouco quero morrer. Há dois tipos de "haja o que houver". Involuntário e deliberado. Me perdoe — mas vivo de acordo com esse segundo. E você não pode diminuir minha fé naquilo em que tenho até medo de pensar — teria sido tamanha felicidade... Eis aqui outro tracinho.

Sim: uma lentidão antiquada na fala, a simplicidade do metal... Logo, o coração mais ardente: aço, incandescente no voo...

Esse é o fragmento de um poema longo — que acabou não entrando. Escrevi certa vez para não esquecer, e aqui está ele agora — uma lasca.

Tudo isso estou escrevendo deitado na cama, apoiando o papel num livro imenso. Quando trabalho noite adentro, os olhos de um dos retratos na parede (alguma tataravó de nosso proprietário) se tornam perscrutadores e muito desagradáveis. Que bom ter chegado ao fim desse tracinho, que inconveniente.

Meu amor, boa noite...

Não sei se você vai entender alguma coisa desta carta analfabeta... Mas tudo bem... Eu te amo. Te espero amanhã às onze da noite — senão, me telefone depois das nove.

V.

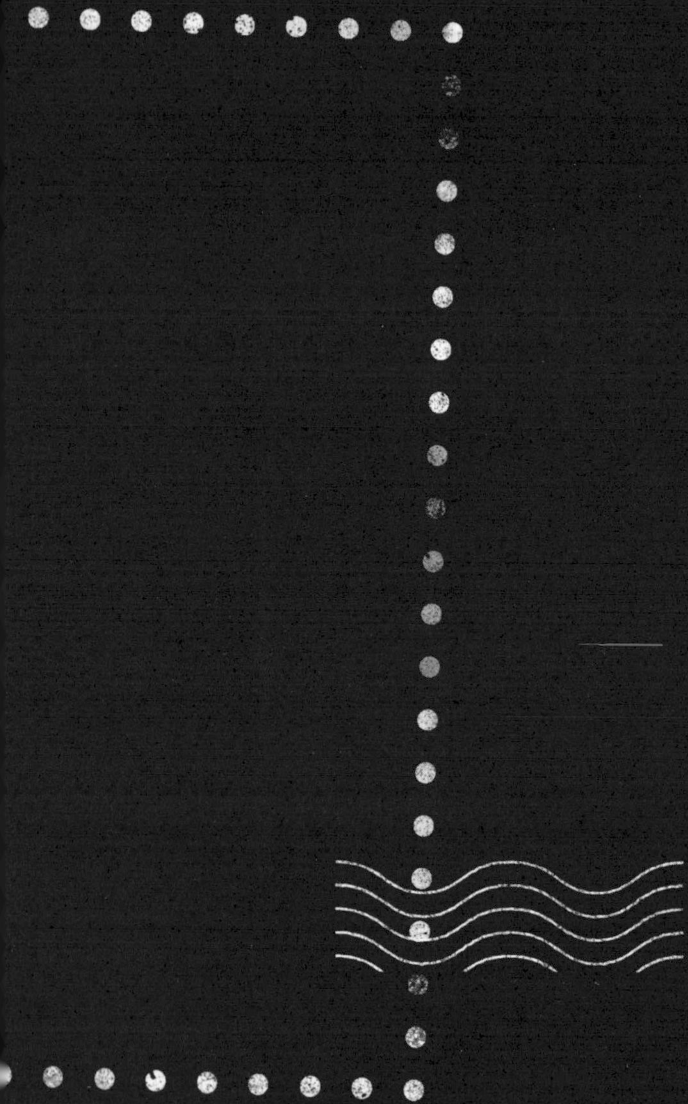

CARTA Nº 07

NÓS NOS TORNAMOS APENAS UM SER

De Maud Gonne *para* W. B. Yeats

26 de julho de 1908

W. B. Yeats, poeta vencedor do Nobel, pediu em casamento a atriz e ativista irlandesa Maud Gonne por quatro vezes em uma década — em 1891, 1899, 1900 e 1901 — e a cada vez, para sua decepção, ela recusava. Para piorar a situação, em 1903, Gonne desfez a impressão de que o problema fosse o casamento em si, aceitando o pedido de outro homem, o major John MacBride. Ainda assim, ela e Yeats não se afastaram, e Gonne foi uma espécie de musa para ele ao longo dos anos, inspirando sua criação poética. Um de seus interesses em comum era o sobrenatural, e, em julho de 1908, alguns meses antes de sua relação por fim se consumar, Maud escreveu uma carta a ele.

Paris, 26 de julho de 1908

Willie,

Escrevo não depois de uma semana, mas passado apenas um dia. Vivi uma experiência tão maravilhosa na noite passada que preciso saber se ela te afetou & como. Acima de tudo, não quero fazer nada que te afaste do trabalho ou que torne o trabalho ainda mais árduo para você. Essa peça vai ser uma maravilha & deve vir em primeiro lugar — nada deve interferir nisso.

Na noite passada, todos já tinham se retirado faltando quinze para as onze, e pensei em ir até você de maneira astral. Não era o seu horário de trabalho & pensei que, indo até você, eu poderia até te deixar um pouco da minha vitalidade & energia, o que deixaria o trabalho menos maçante no dia seguinte — um dia antes eu tinha visto, ao acordar, uma forma curiosa, meio egípcia, flutuando sobre mim (como na pintura de Blake, a alma deixando o corpo) — ela usava uma veste que lembrava uma mariposa e tinha asas estranhas, contornadas de dourado, nas quais podia se fechar — pensei que se tratava de mim, um corpo no qual eu poderia sair para o astral — ontem à noite, às quinze para as onze, eu vesti esse corpo & pensei com muita força em você & desejei ir até você.

Fomos para não sei que lugar no espaço — eu percebia a luz das estrelas & o som do mar abaixo de nós. Você adotara a forma de uma cobra imensa, acho, mas não tenho certeza. Só o seu rosto eu via bem & quando eu olhava bem nos seus olhos (como fiz naquele dia em Paris em que você me perguntou no que eu estava pensando) & seus lábios tocaram os meus. Nós nos fundimos um no outro até nos tornarmos apenas *um ser, um ser maior que nós* que sentia tudo & sabia tudo com intensidade redobrada — o relógio bateu as onze horas e quebrou o feitiço & quando nos separamos eu senti como se a vida estivesse sendo sugada de dentro de mim pelo peito, quase uma dor física. Por duas vezes fui novamente, e a cada vez foi igual — a cada vez eu era trazida de volta por algum barulho mínimo na casa. Então subi e fui para a cama & sonhei com você, sonhos confusos de vida cotidiana. Estávamos juntos na Itália (acho que por causa de alguma palavra na sua carta, que reli antes de dormir). Estávamos muito felizes & falávamos dessa visão espiritual magnífica que descrevi — você disse que tenderia a aumentar o desejo físico — Isso me incomoda um pouco — pois não havia nada de físico nessa união — A união concreta é uma pálida sombra comparada a isso — me escreva logo & me diga se entende algo & o que pensa disso — & se posso ir de novo até você dessa maneira. Não o farei até ter notícias suas. Meu pensamento está sempre com você.

Maud Gonne

R
Nº

CARTA Nº 08

TÔ DE OLHO EM VOCÊ

De Simon Fallowfield *para* Mary Foster

29 de novembro de 1866

Em 29 de novembro de 1866, no vilarejo de Middlesmoor, em Yorkshire, um fazendeiro de meia-idade chamado Simon Fallowfield juntou coragem para fazer um pedido de casamento — não em pessoa, mas por uma carta, e não para alguém que ele conhecesse particularmente bem, mas para uma moça local chamada Mary Foster, que, para sua própria desgraça, chamava muito a atenção dele. Não surpreende que Mary tenha recusado o generoso pedido de Simon. Se seu plano B deu certo é outra questão.

Minha cara senhorita,

Escrevo com a esperança de que estas poucas linha te encontrem tão bem como eu tô, graças a Deus. Talvez você teja surpresa com a minha audácia de escrever pra você, que é uma moça de respeito, e espero que não se zangue comigo por isso. Quase que não tenho coragem de dizer o que quero, sou muito tímido com as mulher, e meu coração tá tremendo que nem vara verde. Mas eu vi num livro uma vez que não se faz omelete sem quebrar os ovo, então vamos lá.

Tenho um pedaço de chão e já avancei bem dos quarenta ano, e minha mãe mora comigo e cuida da casa, e ela não anda muito bem nesses últimos tempo e não tá conseguindo se virar muito, então pensei que seria bem mais confortável se eu tivesse uma mulher.

Tô de olho em você faz um tempo. Te acho uma moça muito boa e que me faria muito feliz se quisesse. Tem uma empregada que ordenha as três vaca e faz o trabalho da casa, e no verão ela também junta o capim e cata uns nabo lá atrás. Eu faço o trabalho da fazenda e frequento o Pately Market, e às vez até levo umas ovelha pra lá, e engordo uns três ou quatro porco pro Natal, o que além de tudo é muito útil em casa pra fazer torta, bolo e essas coisa, e vendo os presunto pra ajudar a pagar a cevada.

Tenho mais ou menos umas 73 libras no banco Naisbro e tem uma salinha simpática com tapete azul no andar de baixo e um forno do lado da lareira e a velha fumando do outro lado. As Regras de Ouro tão penduradas na parede em cima do escabelo, e você pode passar o dia na poltrona, tricotando e remendando meus casaco e os fundilho, e você pode deixar o chá pronto pra hora que eu volto e pode fazer manteiga para o Pately Market, e eu vou te levar na carroça para a igreja todo domingo, e vou fazer tudo o que tá no meu poder pra te deixar feliz. Então espero sua resposta. Sou muito honesto e tô angustiado, e posso me casar com você no Dia do Trabalho, mas, se minha mãe morrer antes, vou querer antes. Se você aceitar meu pedido, minha querida, podemos ser muito feliz junto.

Espero que você me diga o que acha respondendo esta carta, e se tiver de acordo vou ser muito bom pra você. No momento é tudo, daquele que é seu verdadeiro amor e deseja o melhor para você,

Simon Fallowfield

P.S. Espero que você não espalhe. Se não aceitar meu pedido, tem outra moça muito boa que tô de olho e acho que ela casaria comigo se você não quiser, mas pensei que você seria melhor pra mim, ela às vezes é muito grosseirona.

CARTA Nº 09

EU CHORO, E CHORO, E CHORO

De Nadezhda Mandelstam *para* Osip Mandelstam

22 de outubro de 1938

No dia 13 de maio de 1934, quase um ano depois de ter recitado para alguns amigos um poema satírico que escrevera sobre Stálin, Osip Mandelstam, um dos poetas russos mais importantes de sua época, foi preso. Por sorte, não foi executado, mas quando foi solto ele e sua esposa, Nadezhda, foram obrigados a se exilar na cidade russa de Voronezh. A sorte terminou em 1938, quando ele foi mais uma vez detido e então enviado para um campo de trabalhos forçados, onde acabaria morrendo. Em outubro de 1938, dois meses antes de sua morte, sua esposa lhe escreveu esta carta. Nadezhda seguiu no exílio e passou ainda 26 anos sem poder voltar a Moscou. Ela pôde enfim contar sua história em suas memórias, Hope Against Hope, *publicadas em 1970.*

22 de outubro de 1938

Osia, meu amado, meu amor tão distante!

Não tenho palavras, meu querido, para escrever esta carta que talvez você nem chegue a ler. Estou escrevendo num espaço vazio. Talvez você volte e não me encontre aqui. Então isto será tudo o que você vai ter para se lembrar de mim.

Osia, que alegria foi viver juntos, como crianças — todas as nossas briguinhas e discussões, todos os nossos jogos e o nosso amor. Agora eu nem sequer olho para o céu. Se eu vir uma nuvem, para quem vou mostrá-la?

Lembra como levávamos mantimentos para fazer nossos pobres banquetes em todos os lugares em que baixávamos acampamento, feito nômades? Lembra o gosto bom do pão quando o conseguíamos, como por milagre, e que comíamos juntos? E nosso último inverno em Voronezh. Nossa pobreza feliz, e os poemas que você escreveu. Lembro a vez em que estávamos voltando dos banhos, compramos uns ovos ou salsicha, e passou uma carroça carregada de feno. Ainda fazia frio e eu estava congelando com meu casaquinho (mas nada como o que suportamos agora: eu sei como você passa frio). Esse dia me vem à memória agora. Eu sei, e sofro com a dor disso, que aqueles dias de inverno, com todos os seus problemas, foram os melhores e a última felicidade que nos foi concedida na vida.

Eu só penso em você. Todo o meu pensamento está com você. Cada lágrima, cada sorriso meu são para você. Agradeço cada dia e hora da nossa amarga vida juntos, meu amor, meu companheiro, meu guia cego pela vida.

Éramos dois filhotinhos cegos, um cutucando o outro e se sentindo tão bem juntos. E sua pobre mente, tão febril, e nós dois feito doidos gastando os dias da nossa vida. Era tudo tão alegre, e sempre soubemos como tudo era tão alegre.

A vida pode durar bastante. É tão dura e tão longa, para então cada um morrer sozinho. Esse pode ser o destino de pessoas inseparáveis como nós? Filhotinhos e crianças, nós merecemos isso? Você mereceu isso, meu anjo? Tudo continua como antes. Não sei nada. E, no entanto, sei tudo — cada dia e cada hora da sua vida são claros e nítidos para mim, como em um delírio.

Você veio me ver todas as noites, enquanto eu dormia, e eu fiquei te perguntando o que tinha acontecido, mas você não respondeu.

No meu último sonho, eu estava comprando comida para você num restaurante de hotel nojento. As pessoas ao meu lado eram completos estranhos. Quando eu já tinha comprado a comida, percebi que não sabia para onde levá-la, porque não sei onde você está.

Quando acordei, disse para Shura: "Osia morreu". Não sei se você ainda está vivo, mas desde aquele momento do sonho eu perdi você de vista. Não sei onde você está. Você está me ouvindo? Sabe o quanto eu te amo? Nunca conseguiria dizer o quanto eu te amo. Nem agora consigo dizer. Só falo com você, só com você. Você está sempre comigo, e eu, que sempre fui selvagem e brava e nunca aprendi a simplesmente chorar, agora eu choro, e choro, e choro.

Sou eu: Nádia. Onde você está?

Adeus.
Nádia

CARTA Nº 10

VÁ EM FRENTE E SE CASE

De Zora Neale Hurston *para* Herbert Sheen
(seu ex-marido)

7 de maio de 1953

Em 1920, Zora Neale Hurston, escritora e futura "Rainha do Renascimento do Harlem", tinha 29 anos e estudava na Universidade Howard, em Washington, D.C., quando conheceu Herbert Sheen, um pianista de jazz seis anos mais novo que ela, com quem começou a passar bastante tempo. Eles se apaixonaram e em 1927 se casaram; mas quatro anos depois, decidiram se separar, escolhendo permanecer amigos próximos pelo resto da vida, ao longo de outros casamentos. Eles trocavam cartas com frequência, e, em 1953, Sheen contou para Hurston seus problemas conjugais recentes: ele estava querendo se separar de sua segunda esposa, Quinlock, para se casar com uma "mocinha". Esta foi a resposta de Hurston.

Eau Gallie, Flórida
7 de maio de 1953

Querido Herbert,

Ah, agradeço muito sua sugestão de ajuda com a "ansiedade". Como você sabia que eu precisava de algo assim? Você fez o diagnóstico pelas minhas cartas ou só pensou que talvez eu precisasse disso? Você é um médico excelente.

Suas conclusões sobre as reações dos dignitários da Igreja são bastante racionais. Sim, no fim das contas eles são apenas humanos, profundamente humanos. Eles não admitem que podem ter errado anos atrás, no Tyler Texas. "Autoridade" é muito importante para a hierarquia, e eles não vão renunciar a nenhum pingo dela tão facilmente. O padre lá talvez tenha sido convencido de que você está na mesma situação que o rei Henrique VIII* e está agindo de acordo com isso. Fiquei sabendo que Quinlock está te acusando de estar cheio de si desde que você começou a ganhar dinheiro, e está empenhado em aniquilar qualquer um que ouse discordar de você. Ela com certeza choramingou isso para os padres em suas confissões. Apenas no caso de isso não ter sido explicado a você, a

* Trata-se do rei inglês que, no século XVI, rompeu com a Igreja católica e fundou o anglicanismo, usando como pretexto seu pedido de divórcio de Catarina de Aragão negado pelo papa Clemente VII. (N. T.)

posição da Rota Romana, que tem a autoridade de julgar os divórcios, é considerar como únicos motivos reais para sua concessão se um dos lados contraiu o casamento sem a real intenção de consumá-lo, isto é, sem honestidade. Por outros motivos que não a união "sagrada". Lembre-se disso quando for tratar com o monsenhor Fulton J. Sheen. Não o conheço, mas Claire Boothe Luce comentou dele comigo. Pelo que se diz dele, você tem mais chance de que o compreenda do que com os peixes pequenos. Ele está em sintonia com o nosso tempo, em vez de ser fervorosamente tradicional.

Hoje o sr. Burch, da empresa de Van G. Werley, me trouxe um resumo para ler, 41 páginas que retomam a época em que a Flórida pertencia à Espanha, seguindo até 1953. O título é claro e não há nenhum processo de penhor contra a propriedade, à exceção dos impostos relativos a 1953, que não precisam ser pagos antes de 1º de novembro de 1953. $16,50. O contrato foi para a assinatura de Thomas R. Barr Jr. na Fort Pierce, e devo ter uma cópia em uma semana, no máximo. Então envio a você, para sua vistoria. A empresa está fazendo campanha para eu desenvolver um projeto habitacional, mas estou pensando e acho que prefiro plantar um acre de mangueiras exuberantes ou cinco acres de laranjas. A procura por suco concentrado de laranja parece sem fim, e o preço é bom. Desde a descoberta dos concentrados, o suco pode ser levado com muita facilidade por todo o país e para o exterior sem perdas, e a fruta está à toda. As grandes empresas saem do seu pomar e tomam conta de tudo.

Não tenho nada com isso, mas, se eu fosse você, não seria a proibição da Igreja que me impediria de nada. Vá em frente e se case, se é isso que você quer. Um dia um trator de dez toneladas pode passar por cima da cabeça da Quinlock, e aí você pode se casar de novo na igreja. Na minha opinião, padres são apenas homens e sem a sua experiência de vida e sem mulheres. Eles governam com as teorias, não com a prática, e não têm uma proximidade maior de Deus que você. Ainda acredito que a Igreja católica seja a maior instituição já inventada pelo homem para o conforto espiritual comum, mas nunca deixei de observar que ela é humana. Padres vieram me dar sermões sobre como tenho uma visão intelectual em vez de atribuir tudo à fé, o que minha construção mental não consegue conceber.

Para mim, Herbert, o conceito de Deus como um ser tanto onipotente quanto onisciente, de que Ele queira que os homens saibam certas coisas e sejam guiados por esses princípios e revele isso a tão poucos... Por que a vontade Dele não pode ser revelada a todos, se é tão importante? E por que permitir que Ele seja mal interpretado com tamanha facilidade? Por que tantas religiões? Por que Se "revelar" para um árabe de uma forma e para um branco de outra? E para o hindu de outra ainda e de mais outra para um mongol? Não, não consigo aceitar isso. Para mim essas visões divergentes são mostras da humanidade tateando em busca do conceito divino, cada uma de seu jeito na ausência de qualquer prova definitiva em algum lugar. Não creio em nenhuma divindade barbuda sentada numa nuvem. Esse é um conceito antropomórfico, completamente humano. Deus feito a partir da imagem do homem. Para mim há uma LEI, a que tudo no universo deve se adaptar. A explicação para isso eu não sei, ainda que queira saber. Estamos confundindo arranjos sociais dos homens com divindade. Não consigo admitir uma lei que se importe se você vai "crescer e se multiplicar" com a Quinlock ou com a "mocinha". Você não pode negar o mandado do seu próprio corpo de se comprometer com a reprodução da sua espécie, pois isso não foi ofuscado por teorias humanas (o que, para mim, prova meu ponto de que a própria LEI é clara e definitiva naquilo de que trata) e não diz respeito a convenções sociais dos homens, pois é disso que se trata. O casamento e o direito social foram criados antes de tudo para proteger as crianças e as mães das crianças e ponto final. Não se prive da mulher que você quer nesta vida acreditando que você a terá como recompensa no céu. Nunca estive lá, mas me cochicharam que os anjos não mandam em nada na cama, já que não têm órgãos sexuais. Talvez por isso os querubins sejam só umas cabecinhas. Está vendo aonde vai chegar? Você e a "mocinha" só vão se encontrar quando no futuro forem cabeças com asas debaixo do queixo. Mas que graça tem isso? O paraíso muçulmano é muito mais interessante, com os espíritos dos homens rodeados de lindas mulheres. As huris. Mas, como você sabe, eles não ficam esperando isso chegar, já aproveitam tudo o que está disponível aqui e agora. É uma religião bem mais realista. Ela aceita a natureza em vez de ficar inventando pecados pelos quais sofrer. Os homens inventaram o pecado, não Deus. Pessoas muito religiosas são sádicas ou masoquistas, às vezes os dois. Gostam de sofrer e de se castigar e sentem um frenesi terrível quando você também sofre, e se empenham para que você também sofra a desforra delas. O famoso caso de Heloísa e Abelardo só é trágico, para mim, por eles terem sido tão bestas de passarem todo aquele tempo se censurando em vez de Heloísa ter jogado fora o véu, Abelardo ter saído daquele monastério e os dois terem ido ao que interessava. As pessoas perdem muito tempo se preocupando se um romance vai durar. Aproveite enquanto ele dura e depois não se arrependa de nada. Essa é a principal diferença entre mim e Quinlock. Olho para o que eu vivi com você como uma época de prazer sem arrependimento. Ela está cheia de amargura, querendo vingança, porque vocês não duraram. O amor não deveria durar para além do ponto em que deixou de ser prazeroso. Portanto, ela não tem capacidade para o amor, só para um frenesi possessivo. Muita gente pensa que isso é amor. "Eu o matei porque eu o amava."

Um brinde ao dia da sua libertação!

Com amor,
Zora

"AS PESSOAS PERDEM MUITO TEMPO SE PREOCUPANDO SE UM ROMANCE VAI DURAR. APROVEITE ENQUANTO ELE DURA E DEPOIS NÃO SE ARREPENDA DE NADA."

ZORA NEALE HURSTON

REMETENTE: ....

ENDEREÇO: ....

CARTA Nº 11

VOCÊ NUNCA ESTARÁ MUITO DISTANTE

De Marina Tsvetaeva *para* Rainer Maria Rilke

1926-7

Os proeminentes poetas Rainer Maria Rilke e Marina Tsvetaeva nunca se conheceram pessoalmente e só se corresponderam por oito meses, mas suas cartas revelam, de alguma forma, um laço estreito. Eles foram apresentados, por carta, em abril de 1926 pelo colega Boris Pasternak. A primeira carta de Rilke para Tsvetaeva trazia cópias autografadas de seu trabalho, a que ela respondeu: "Você é a própria encarnação da poesia". Em pouco tempo ele já enviava poemas recém-compostos escritos apenas para ela. O amor, no entanto, nunca pôde realmente florescer, pois em 29 de dezembro do mesmo ano Rilke morreu de leucemia, depois de uma batalha que já enfrentava havia algum tempo e sobre a qual contara a Tsvetaeva. Dois dias depois de sua morte, ela começou a escrever uma última carta a Rilke, que jamais seria enviada. Terminou-a dois meses depois.

Bellevue
31 de dezembro de 1926-8 de fevereiro de 1927

O ano acabou com a sua morte? O fim? O começo! Você é o próprio Ano-Novo. (Amado, sei que você está lendo isso antes de eu escrever.) Estou chorando, Rainer, você está jorrando dos meus olhos!

Meu querido, agora que você morreu não existe a morte (nem a vida!). O que posso dizer? Aquela cidadezinha em Savoy — quando? onde? Rainer, e aquele "ninho" para guardar nossos sonhos? Agora a Rússia é um livro aberto para você, então já sabe que a palavra para "ninho" é *gnezdo*. E você sabe tantas outras coisas.

Não quero reler a sua carta, ou vou querer me unir a você — aí —, e não ouso desejar tal coisa. Você sabe o que tal desejo implica.

Rainer, sempre sinto sua presença por cima dos meus ombros.

Você alguma vez pensou em mim? Sim, claro que pensou.

Amanhã é Ano-Novo, Rainer. 1927. Sete é o seu número favorito. Você nasceu em 1875 (data do jornal?). Cinquenta e um anos?

Como estou desconsolada!

Não ouse se afligir! Hoje, à meia-noite, vou beber com você (você sabe como eu brindo — sempre com tanta delicadeza!).

Amado, venha me ver sempre nos meus

sonhos. More nos meus sonhos. Agora você tem o direito de desejar e realizar os seus desejos.

Você e eu nunca acreditamos no nosso encontro aqui na Terra, não mais do que acreditamos na vida nesta Terra, não é mesmo? Você foi embora antes de mim (e é melhor assim!), e para me receber bem pegou não um quarto, não uma casa, mas uma paisagem inteira. Eu te beijo... nos lábios? Na têmpora? Na testa? Claro que nos lábios, de verdade, como se estivesse vivo.

Amado, me ame mais e diferentemente dos outros. Não fique bravo comigo. Você deve se acostumar comigo, com esse meu jeito. O que mais?

Não, você ainda não está distante e no alto, você está bem aqui, com a cabeça no meu ombro. Você nunca estará muito distante: nunca inacessivelmente alto.

Você é meu querido menino crescido.

Rainer, me escreva! (Um pedido bobo?)

Feliz Ano-Novo e que você aproveite essa paisagem paradisíaca!

Marina

Rainer, você ainda está nesta Terra; ainda não se passaram vinte e quatro horas.

REGISTRADA

CARTA Nº 12

AMADA IMORTAL

De Ludwig van Beethoven *para* sua "Amada Imortal"

Julho de 1812

O compositor alemão Ludwig van Beethoven tinha 56 anos quando morreu, em março de 1827, deixando não apenas um duradouro legado musical, mas também uma carta de amor que se tornaria das mais famosas e mais calorosamente debatidas da história. A carta foi descoberta por um amigo logo após sua morte, em uma gaveta secreta escondida no guarda-roupa de Beethoven, junto de outros papéis pessoais, e não foi datada completamente graças à marca-d'água, no entanto, sabe-se que foi escrita em 1812. Parece também que não foi enviada e foi escrita em dois dias, enquanto ele se recuperava de uma doença na cidade tcheca de Teplice. A identidade da destinatária não nomeada — a "Amada Imortal" de Beethoven — permanece um mistério.

Manhã de 6 de julho

Meu anjo, meu tudo, meu próprio ser — apenas algumas palavras hoje, e também com o lápis (com o seu) — só até amanhã tenho residência fixa. Que perda de tempo abominável com essas coisas — por que esse profundo pesar onde a necessidade fala?

Nosso amor pode se conservar de alguma forma que não por sacrifícios, que não exigindo tudo? Você pode alterar isso, de não ser inteiramente minha, de eu não ser inteiramente seu? Ah, Deus, observe a bela Natureza e acalme sua mente diante do inevitável. O amor exige tudo e tem toda razão, e é assim comigo em relação a você, com você para comigo — só que você esquece tão rápido que eu preciso viver por você e por mim — estivéssemos juntos, você mal experimentaria esse sentimento dolorido, assim como eu...

... Logo vamos nos encontrar, hoje eu mal consigo contar sobre minhas observações, as que fiz sobre minha vida ao longo desses dias — estivessem nossos corações bem perto, eu provavelmente nem teria feito essas observações. Meu peito está cheio de coisas para te contar — há momentos em que a linguagem não me parece absolutamente nada. Anime-se — permaneça meu único e verdadeiro tesouro, meu tudo, como sou para você. O resto os deuses vão mandar, o que é nosso e há de ser.

Seu fiel,
Ludwig

Tarde de segunda-feira, 6 de julho

Você sofre, você, minha mais querida criatura. Só agora percebo que as cartas devem ser postadas logo pela manhã. Segundas — quintas — os únicos dias em que o correio vai daqui a K. Você sofre — ah! Onde estou você também está, comigo e com você, farei de tudo para que eu possa morar com você. Que vida!

Assim! Sem você — perseguido pela gentileza das pessoas aqui e ali, a quem eu anseio — desejar ganhar tão pouco quanto eles ganham — a humildade do homem pelo homem — isso me faz sofrer — e quando me vejo conectado ao universo, o que eu sou e o que ele é — a quem se diz ser o maior — e no entanto — é aí que reside o divino do homem. Eu choro ao pensar que apenas no sábado você deve receber notícias minhas — como você também ama — eu também te amo mais intensamente —, mas nunca se esconda de mim. Boa noite — por causa das águas, preciso ir para a cama. Ah, Deus — tão perto! tão distante! Não é um verdadeiro edifício do céu, nosso amor — tampouco tão sólido quanto a cidadela do céu.

Bom dia em 7 de julho

Até na cama minhas ideias clamam por você, minha Amada Imortal, aqui e ali com alegria, e então de novo triste, esperando algo do Destino, se ele vai nos ouvir. Só consigo viver com você ou não viver de forma alguma. Sim, decidi vagar ao longe, por muito tempo, até poder voar para os seus braços e me ver então em casa com você, poder enviar minha alma envolta pela sua para o reino dos espíritos — sim, lamento, deve ser assim. Você suportará isso melhor se souber da minha fidelidade a você; nunca alguém possuirá meu coração, nunca — nunca! Ah, Deus, por que é preciso se afastar de quem se ama tanto, e no entanto minha vida em V., como ela é agora, é uma vida miserável. Seu amor fez de mim o mais feliz e o mais infeliz ao mesmo tempo. Na minha idade eu preciso de alguma continuidade, constância na vida — isso pode existir, nessas nossas circunstâncias? Anjo, acabo de saber que o correio sai daqui todos os dias — então preciso encerrar logo, para que você enfim receba a carta. Fique tranquila — me ame — hoje — ontem.

Que anseio, às lágrimas, por você — Você — minha Vida — meu Tudo — adeus. Ah, continue me amando — nunca duvide do mais fiel coração.

Do seu amado,
L.

Sempre seu.
Sempre meu.
Sempre nosso.

CARTA Nº 13

ESTA NOITE ESTOU FELIZ

De Anne Lindbergh *para* Charles Lindbergh

2 de julho de 1944

Em 2 de julho de 1944, em viagem de trem de Chicago a San Francisco, a escritora e aviadora Anne Morrow Lindbergh escreveu esta carta ao seu marido, Charles Lindbergh — um aviador pioneiro que, dezessete anos antes, fizera o aclamado voo de Nova York a Paris no Spirit of St. Louis. *Eles permaneceram casados até a morte de Charles, em 1974, época em que ambos tiveram casos extraconjugais e Charles teve vários filhos com outras mulheres. Eles também atravessaram juntos o sequestro e a morte de um de seus seis filhos — Charles Jr., de vinte meses —, apesar da intensa e inigualável cobertura da imprensa no que foi chamado de "o julgamento do século".*

2 de julho, trem Chicago-San Francisco

Caro Charles,

Estou indo para o Oeste. Espero te encontrar. Me sinto completamente estapafúrdia e bastante maluca por estar cruzando o país sem muita certeza de quando ou onde irei te encontrar.

Mas esta noite estou feliz. Sentei e vi os campos de milho de Iowa escurecerem, as fazendas passarem — uma casa branca, um celeiro vermelho e um corajoso grupo de árvores verdes em meio ao oceano de campos planos — como um oásis em um deserto. Os flancos lustrosos dos cavalos e as folhas lustrosas do milho. E fui vencida pela beleza e pela riqueza deste país que tantas vezes sobrevoei com você. E vencida pela beleza e pela riqueza da nossa vida juntos, aquelas partidas no comecinho das manhãs, aquelas tardes reluzindo, com rios e lagos abaixo de nós, ainda guardando um último raio de luz. Aqueles campos de margaridas em que pousamos — e campos poeirentos e pedaços de deserto. Lembranças de muitos céus e muitas terras abaixo de nós — muitos dias, muitas noites estreladas. "Como são doces as águas do mundo — se viermos a morrer, nós as teremos bebido. Se viermos a pecar — ou a nos separar — se viermos a falhar ou a apartar — teremos provado da felicidade — nossos nomes devem estar no livro dos abençoados. Pegamos o que a vida podia dar, comemos da árvore do conhecimento, conhecemos — nós fomos o mistério do universo."

Boa noite,
Anne

"FUI VENCIDA PELA BELEZA E PELA RIQUEZA DESTE PAÍS QUE TANTAS VEZES SOBREVOEI COM VOCÊ."

ANNE LINDBERGH

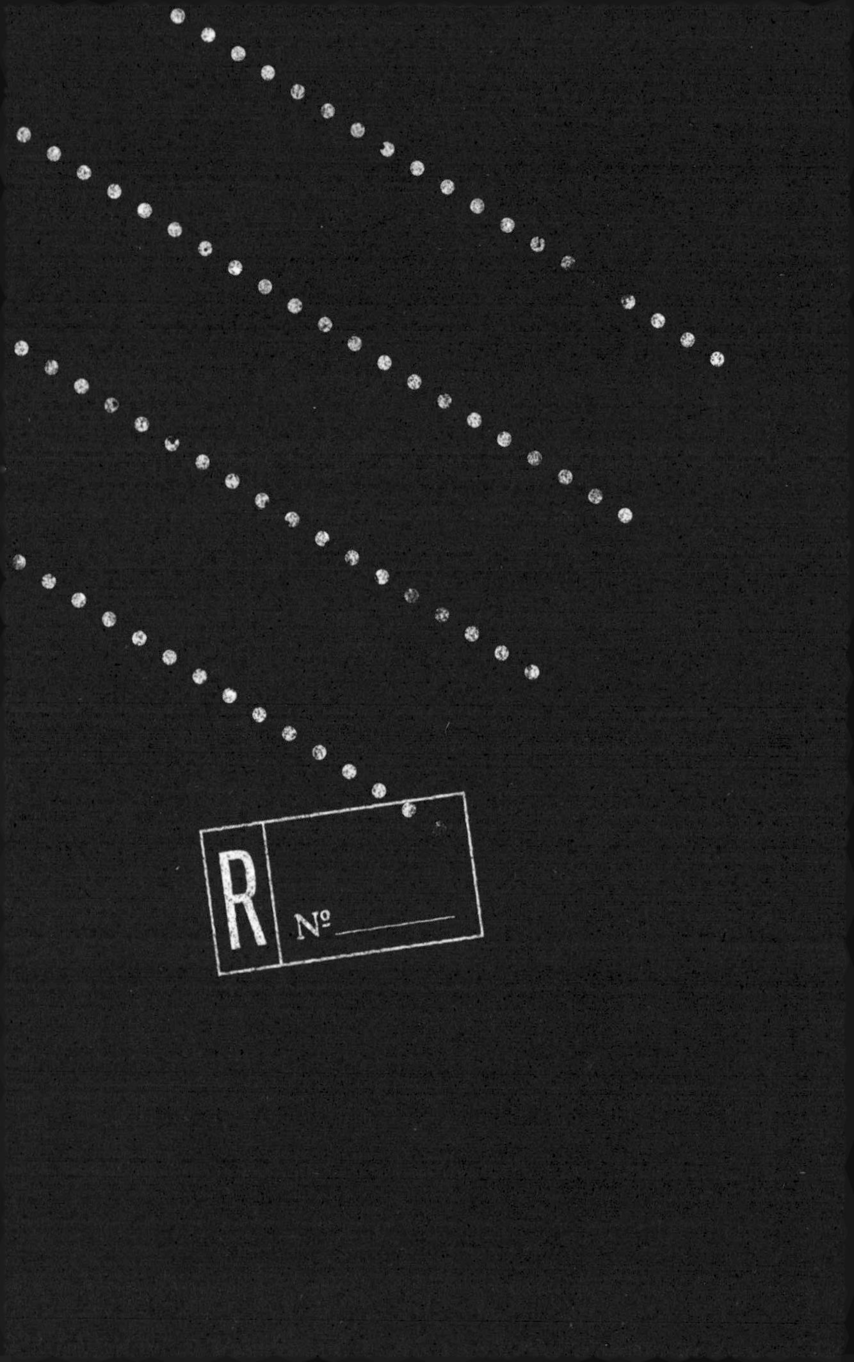
R
Nº

CARTA Nº 14

ISTO É UMA CARTA DE AMOR, NÃO É?

De John Jay Chapman *para* Minna Timmins

21 de setembro de 1892

Nascido em 1862 em Nova York, o poeta John Jay Chapman tinha 25 anos quando bateu no astrônomo Percival Lowell com uma bengala por ter tratado mal sua namorada e futura esposa, Minna Timmins. Mais tarde, quando descobriu que Lowell era na verdade inocente da acusação, Chapman puniu a si mesmo enfiando a mão no fogo, queimando-a tão intensamente que a única opção seria amputá-la. Em vez de fugir diante de tamanha insanidade, Timmins se casou com Chapman no ano seguinte, e em 1892 ele escreveu para ela esta carta de amor — uma das muitas que os dois trocaram até a morte dela ao dar à luz, em 1898.

Littleton, Colorado
21 de setembro de 1892

Lacrei cada uma dessas cartas pensando que tinha acabado — e então fui tomado por uma onda de felicidade — me lembrando de você — só você, minha Minna — e a alegria da vida. Onde você estava desde o início do mundo? Mas agora você está aqui, perto de mim em todos os espaços, lugares, luzes, com seu coração e seus braços e a luz de sua alma — e o forte vigor da sua presença. Não houve nada de estéril no Colorado. Não é uma perda de tempo, pois você está aqui e muitas vidas reunidas em uma só, e o broto verde saindo do coração da planta, fazendo irromper botões na noite, e muitas coisas antigas se vestiram com a imortalidade e muitas coisas perdidas retornaram pulsando por dentro, de um tempo anterior àquele em que fui concebido no útero, e você também estava ali. E o que dizer da dor! Ela era falsa — e a separação, necessária. Foi a destruição das barragens que nem deveriam ter sido construídas — mas, uma vez lá, foi com o arrastão delas que as águas puderam correr juntas.

Isto é uma carta de amor, não é? Há quanto tempo eu não escrevia uma carta de amor, meu amor, minha Minna? Estava escondida a primavera que agora surge fervilhando, transbordando o meio-fio e a copa, molhando meus pés, meus joelhos, meu ser inteiro? Como são doces as águas do mundo — se viermos a morrer, nós as teremos bebido. Se viermos a pecar — ou a nos separar — se viermos a falhar ou a apartar — teremos provado da felicidade — nossos nomes devem estar no livro dos abençoados. Pegamos o que a vida podia dar, comemos da árvore do conhecimento, conhecemos — nós fomos o mistério do universo.

É o amor uma mão ou um pé — é um quadro ou um poema ou uma lareira — é um pacto ou uma autorização ou águias que se cruzam nas nuvens — Não, não, não, não. Ele é luz e calor e mão e pé e ego. Se eu tomar das asas da manhã e permanecer nas partes mais remotas do mar lá estavas também — Ele desceu ao Inferno e no terceiro dia se elevou mais uma vez — e lá estavas também — na luxúria ou no trabalho — nos lugares ermos e secos, na saúde e na doença — todo tipo de doença lá estava também — o que importa é o que mais há no mundo — se só você está nele em cada parte dele? Não encontro sequer um canto do mundo sem você — meus olhos não conseguem enxergar. Ele está vazio — eu vi tudo o que há e não há nada, e sobre a criação estão suas asas.

Não vivemos juntos há três anos? — e cada dia mais próximos — enxertados até a própria seiva da existência fluir e circular entre nós — até eu saber enquanto estou escrevendo isto — seus pensamentos — até eu saber como um sentimento, uma esperança, um pensamento passam por mim — ele é seu? Por que a agonia dessas expressões velhas e as tentativas de conquistar o olhar diligente, ansioso, vidrado do escultor em sua ferramenta, como se o prêmio dependesse do risco certeiro, aquelas pilhas de papel e madrugadas de composição apaixonada — eles de fato faziam seu trabalho tão bem que chegavam ao resultado — ou era a comunhão silenciosa — com a noite — mesmo depois de dias de pequenez ou de brigas que nos mantinham juntos? Não importa, meu amor, o que quer que seja. Acabou colocando sua alma de tal forma no meu corpo que eu não falo com você para dizer algo. Escrevo apenas por alegria e felicidade. Quão diligentemente sopesamos os fatos, consideramos e reconsideramos nos últimos anos — como se estivéssemos jogando dominó para salvar nossa vida. Quão confuso eu fui — te puxando para baixo, martelando pregos desnecessários, cortando e dissecando, classificando, crucificando coisas pequenas — e o nosso amor estava ali, acima de nós, crescendo, se espalhando — me espanta que não brilhemos — ou falamos em cada gesto e tom mandando mensagens do infinito — como a Sibila de Michelangelo. Me surpreende que as pessoas não olhem para nós na rua como se tivessem visto um anjo.

Tuo Giovanni

CARTA Nº 15

FOI-SE A MELHOR PARTE DA MINHA VIDA

De Machado de Assis *para* Joaquim Nabuco

20 de novembro de 1904

Cinco anos mais velha que Machado de Assis, a portuguesa Carolina Augusta Xavier de Novais, mulher de grande cultura literária, casou-se com o então futuro maior escritor brasileiro em 1869. Tudo indica que a união, que não gerou filhos, foi de raro companheirismo e serena felicidade. A morte da esposa, em 1904, mergulhou Machado numa nuvem de tristeza que o acompanharia até a sua morte, em 1908. Em seu soneto mais famoso, "A Carolina", diz que a vida perdera o sentido: "que eu, se tenho, nos olhos mal feridos,/ pensamentos de vida formulados,/ são pensamentos idos e vividos". Nesta carta ao amigo Joaquim Nabuco, confessa em prosa sentimentos semelhantes.

Rio de Janeiro, 20 de novembro de 1904

Meu caro Nabuco,

Tão longe, em outro meio, chegou-lhe a notícia da minha grande desgraça, e você expressou logo a sua simpatia por um telegrama. A única palavra com que lhe agradeci ["obrigado"] é a mesma que ora lhe mando, não sabendo outra que possa dizer tudo o que sinto e me acabrunha. Foi-se a melhor parte da minha vida, e aqui estou só no mundo. Note que a solidão não me é enfadonha, antes me é grata, porque é um modo de viver com ela, ouvi-la, assistir aos mil cuidados que essa companheira de 35 anos de casados tinha comigo; mas não há imaginação que não acorde, e a vigília aumenta a falta da pessoa amada. Éramos velhos, e eu contava morrer antes dela, o que seria um grande favor; primeiro porque não acharia a ninguém que melhor me ajudasse a morrer; segundo, porque ela deixa alguns parentes que a consolariam das saudades, e eu não tenho nenhum. Os meus são os amigos, e verdadeiramente são os melhores; mas a vida os dispersa, no espaço, nas preocupações do espírito e na própria carreira que a cada um cabe. Aqui me fico, por ora na mesma casa, no mesmo aposento, com os mesmos adornos seus. Tudo me lembra a minha meiga Carolina. Como estou à beira do eterno aposento, não gastarei muito tempo em recordá-la. Irei vê-la, ela me esperará.

Não posso, meu caro amigo, responder agora à sua carta de 8 de outubro; recebi-a dias depois do falecimento de minha mulher, e você compreende que apenas posso falar deste fundo golpe.

Até outra e breve; então lhe direi o que convém ao assunto daquela carta, que, pelo afeto e sinceridade, chegou à hora dos melhores remédios. Aceite este abraço do triste amigo velho

Machado de Assis

SELO

CARTA Nº 16

MEU ANJO, MEU AMOR

De Émilie Blachère *para* Rémi Ochlik

2012

Nascido na França em 1983, Rémi Ochlik descobriu ainda jovem que a fotografia era a paixão de sua vida. Como fotojornalista, começou a ser reconhecido na cobertura dos conflitos no Haiti em 2004; sete anos depois, foi premiado por seu trabalho na Primavera Árabe. No entanto, ele percebia que o risco à sua segurança pessoal aumentava cada vez mais. Em 2012, em viagem pela Síria para reportar a guerra civil, Ochlik foi morto de maneira trágica quando um explosivo atingiu o abrigo onde ele estava. Logo após sua morte, sua companheira Émilie, de coração partido, lhe escreveu uma carta.

Ochlik,

Nunca foi tão difícil escrever. Meus dicionários são inúteis. Já consigo te ouvir dizer "Querida Blachère". Então, em vez disso, vou fazer uma lista de tudo o que eu adorava em você.

Meu anjo, meu amor:

Eu adorava quando você fazia listas do que queria, e você queria uma Harley Davidson, um loft, uma Leica de titânio de 22 mil euros, e você me dizia: "O quê? Você trabalha na *Paris Match*, não é?".

Adorava quando você me chamava de Blachère, ou Blacherounette, quando queria me pedir alguma coisa.

Adorava como você queria encontrar um país só para nós dois, para onde iríamos todos os anos juntos, a trabalho.

Adorava quando você falava de arte, de pintura, de literatura, e eu não entendia nada. Você me ensinou tanto.

Adorava que, em campo, você afundasse nas sombras, e as pessoas esqueciam que você estava lá e você conseguia as melhores fotos.

Adorava te ver visitando sites de fotografia todas as manhãs e te ouvir dizer: "Olha o que eles estão fazendo. Sou péssimo, Blachère".

Adorava quando você gravava episódios de *L'Amour est dans le pré* e nós assistíamos encolhidos debaixo do edredom, como dois adolescentes, com nossos gatos no meio de nós. Você ficava repetindo: "Não vai contar isso pra ninguém".

Adorava que você ficasse me vendo fazer café todas as manhãs, e depois de oito meses até que ficou bom!

Adorava quando você dizia que queria ter dois filhos, um menino e uma menina.

Adorava ainda mais quando você me infernizava sobre ter filhos na frente dos nossos amigos: "Olha o Thib, o Mat, o Fred. As namoradas deles são legais, elas estão grávidas!".

Adorava que você decidia que queria ir para Líbia, Nigéria e Mianmar, e então Síria, e Tulles, tudo num intervalo de cinco minutos.

Adorava quando você me dizia: "Blachère, você está me deixando imaturo. Estou ficando parecido com você".

Adorava quando eu dizia que você era o melhor fotógrafo do mundo e você dizia: "Bom, você é suspeita".

Adorava como você ruborizava quando eu dizia que era louca por você.

Adorava nossa rotina, nossa vida juntos, quando ficávamos acordados até tarde assistindo *Dexter*. Eu sempre sorria quando estava perto de você.

Adorava quando você tirava as lentes de contato de noite e colocava seus óculos fundo de garrafa. Eu te chamava de Harry Potter, e você odiava. Você me chamava de Émilie.

Adorava quando você dizia que não tinha sentido nada a minha falta.

Adorava quando você dizia que tinha ciúmes do Eric, do Ivan, do Pierre, ciúmes de todo mundo, até da Marcelle, minha gata.

Adorei quando eu viajei a trabalho e você sequestrou a Marcelle e a levou para sua casa para ela se acostumar com o seu gato, então poderíamos viver todos juntos, como uma família feliz.

Adorei quando você ficou com medo de conhecer a minha mãe.

Adorei quando você me levou para Honfleur e nós paramos na estrada, comemos uma barra de chocolate Mars e bebemos uma Coca-Cola.

Adorei quando você me disse: "Sou feio, Blachère, você está cega de amor".

Adorei quando você deixou sua escova de dentes na minha casa. Tirei uma foto e mostrei para as minhas amigas. Quase postei no Facebook.

Adorava como você fazia carinho na minha perna quando a moto parava no semáforo vermelho.

Adorava seu jeito de me abraçar apertado de manhã, e de novo de noite, como se tivéssemos ficado longe por meses.

Adorava te ver fumando na janela. Era tão sexy. Mas, como você disse, sou suspeita.

Adorava ouvir você dizer para o Julien, seu melhor amigo, seu irmão, "Atenção, mamãe esquilo está aqui", quando eu estava acordando.

Adorei quando você me avisou: "Julien é minha esposa, você é a minha amante". Depois de dois meses, isso se inverteu. Desculpa, Julien.

Adorava seu sorriso tímido, o seu jeito de dar risada, sua delicadeza quase feminina, sua gentileza juvenil.

Adorava como você me mandava mensagens a cada cinco minutos me pedindo em casamento, com direito a emojis e tudo. Combinamos que íamos juntar os trapos em Las Vegas.

Adorava como você deixava cartas de amor nos meus cadernos quando vinha em casa dar comida para a Marcelle.

Adorava a sua coragem, sua admiração, seu rigor. Eu tinha tanto orgulho de você, meu anjo. Te admirava como fotojornalista e como homem. Você se tornou imenso.

Adorei quando você me disse: "Blachère, temos nossa vida inteira pela frente".

Adorava te ouvir dizer que tudo ia ficar bem, quando eu estava deprimida. Queria tanto te ouvir dizer isso hoje.

Adorei tanto que no dia 10 de fevereiro, uma sexta-feira, última vez em que nos vimos, você me disse que eu te fazia feliz.

Eu poderia continuar. Queria muito passar minha vida completando esta lista. Ochlik, eu te amei. Espero que você saiba, aí em cima, que fui mais do que feliz ao seu lado. Eu estava no céu. Com você as coisas eram lindas, doces e surpreendentemente intensas. O tempo que passamos juntos foi mágico. Éramos tão felizes que tínhamos de proteger isso das invasões da nossa profissão, nossa paixão, nosso segundo amor.

Estávamos preparados para tudo, menos para o pior. Ochlik, não sei como vou conseguir seguir sem você. Em Roma, você me disse: "o amor é uma fraqueza". Você estava errado. Hoje me sinto forte. No Natal você me deu um caderno e me disse para "escrever a história das nossas vidas e lê-la para os nossos filhos". Prometo que vou contar a história daquela vida com que tanto sonhamos, uma vida que agora vou ter de viver por dois.

Não sei se você sente a minha falta, Ochlik. Eu sinto a sua. Loucamente.

Mas sei que você está aqui. Dentro de mim. Perto de mim. Perto de nós. Hoje, nosso apelido, Blachlik, faz sentido.

Um dia eu me junto a você, meu amor. Mas não por enquanto. Você odiaria me ver desistindo, me ver desaparecendo. Então vou secar as lágrimas e assistir a seus filmes preferidos repetidas vezes, aqueles que te deixavam feliz, como *Cantando na chuva*.

Tenho certeza de que você preferiria nos ver bebendo e fumando até tarde da noite, como uma homenagem a você. Não se preocupe, faremos isso, a noite ainda não acabou.

Meu anjo, dê um beijo no Lucas por mim. Cuide-se. Cuide de nós.

Émilie Blachère

"PROMETO QUE VOU CONTAR A HISTÓRIA DAQUELA VIDA COM QUE TANTO SONHAMOS."

ÉMILIE BLACHÈRE

VIA AÉREA
PAR AVION

CARTA Nº 17

UM PROBLEMA QUE ENFRENTAMOS

De Mildred Loving *para* a União Americana pelas Liberdades Civis

20 de junho de 1963

Em 1958, cinco semanas depois de terem se casado no distrito de Columbia, Mildred e Richard Loving, um casal inter-racial da Virgínia, foi preso em sua casa por violar a Lei da Integridade Racial de 1924. Em vez de se separar, os Loving se mudaram para Washington, D.C., onde aquele tipo de união era permitido pela lei; no entanto, eles logo passaram a sentir falta de casa. Em junho de 1963, Mildred escreveu uma carta para o procurador-geral Robert F. Kennedy, pedindo que interviesse: ele os aconselhou a enviar a carta para a União Americana pelas Liberdades Civis, o que levou a um processo e à decisão histórica Loving contra Virgínia, 388 U.S. 1 (1967). *Em 12 de junho de 1967, graças ao empenho dos Loving, leis que negavam o direito ao casamento de casais inter-raciais se tornaram inconstitucionais em todo o país, seguindo a decisão unânime da Suprema Corte dos Estados Unidos.*

1151 Neal Street, N.E. Wash. D.C.
20 de junho de 1963

Caro senhor,

Escrevo a respeito de um problema que enfrentamos.

Cinco anos atrás, meu marido e eu nos casamos neste distrito. Voltamos então a morar na Virgínia. Meu marido é branco, eu sou em parte negra & em parte indígena.

Na época, não sabíamos que existia uma lei contra casamentos inter-raciais na Virgínia.

Por isso fomos presos e julgados na pequena cidade de Bowling Green.

Tivemos de deixar o estado para poder ter um lar.

O problema é que não temos o direito de visitar nossa família. O juiz disse que, se entrarmos no estado pelos próximos trinta anos, deveremos passar um ano na prisão.

Sabemos que não podemos viver lá, mas gostaríamos de voltar de vez em quando para visitar nossa família & nossos amigos.

Temos três filhos e não podemos pagar um advogado.

Escrevemos para o procurador-geral, e ele sugeriu que entrássemos em contato com o senhor para nos aconselhar.

Por favor, nos ajude se puder. Esperamos ter notícias logo.

Atenciosamente,
Sr. & sra. Richard Loving

CARTA Nº 18

OS FATOS SÃO OS FATOS

De Paulo Mendes Campos *para* uma garrafa de uísque

29 de outubro de 1953

Paulo Mendes Campos e muitos escritores de sua geração foram fiéis apreciadores de uísque, presente nos bares cariocas ou nas casas de poetas como Vinicius de Moraes, onde o bom scotch nunca faltava. Esta "Carta de separação", crônica até hoje inédita em livro, foi publicada na coluna "Primeiro plano", do Diário Carioca, *onde Paulo foi colaborador desde 1946, quando iniciou a coluna semanal "Semana Literária", até que em 1950 assumisse a coluna diária "Primeiro Plano", que iria até 1961.*

Creio, meu bem, que chegou finalmente o momento de dizermos adeus. Tentei todas as acomodações possíveis. Não posso ser acusado de não ter tido para contigo boa vontade e carinho. Não posso admitir que se diga por aí, à boca pequena, que a culpa foi minha, que não tive compreensão da realidade. Os fatos são os fatos, e contra eles não podemos lutar. Não se pode dizer que não nos demos bem, é verdade. Não posso eu dizer que não devo a teu calor algumas das melhores horas de minha vida, de descanso, de alegria, até mesmo de poético enlevo, por que não. Naquele tempo em que ainda eras pura, e em que tuas exigências de dinheiro, sem nunca ser modestas, ainda não atribulavam meu orçamento, pude manter-te com decência, não faltando jamais a nossos encontros. (Lembro-me agora, confesso, com indisfarçável ternura, esses pontos amoráveis de nossos antigos encontros, na esquina de Nilo Peçanha com a rua do México, na rua Senador Dantas, em Copacabana etc. etc.)

Quando foi mesmo que te encontrei pela primeira vez? Não posso precisá-lo, tantos anos já passaram, mas sei que foi amor à primeira vista, um amor que infelizmente, por tua causa, agora se interrompe.

Há já uns dois que vinha desconfiando de ti. Fingia que não o notava apenas por covardia, receoso de causar escândalo. Já andavas falsa, dissimulada. Àquela noite, na boate, custou-me engolir-te. Só agora vejo que nada ganhei com essa complacência senão muita dor de cabeça. Só agora vejo que só tinha a ganhar se houvesse te deixado quando desconfiei que já estavas misturada a más companhias, e que já não te portavas bem com quem por ti muitas vezes perdeu a cabeça. Por ti, quase fui preso; por ti, cheguei a brigar; por ti, fiz os piores papéis; por ti, perdi noites de sono; por ti, pedi dinheiro emprestado; por ti, prejudiquei minha saúde. No entanto, de que valeram tantos sacrifícios? Terias a coragem de não reconhecer que és falsa? Poderias negar que me levarias a uma situação econômica insustentável? Hoje, só um insensato deixaria de ver que as nossas relações não podem continuar mais. Resta-me um pouco de equilíbrio e de amor-próprio. Falta-me dinheiro para sustentar-te. Ah, se fosses pelo menos fiel, eu seria capaz de um esforço supremo. Mas como estás, não, meu bem. Assim não é possível. Não há outro jeito senão uma separação que, de minha parte, deixa muitas saudades.

P. M. C.

ENTREGA ESPECIAL

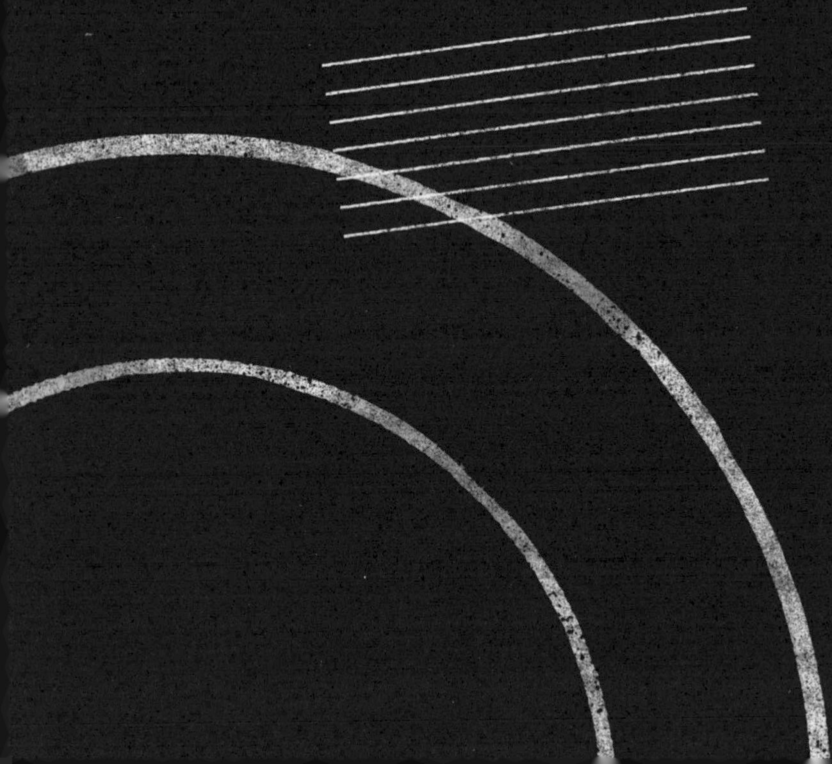

CARTA Nº 19

VOCÊ É ESPLÊNDIDA

De Robert Schumann *para* Clara Wieck

1838

O famoso compositor e pianista alemão Robert Schumann encontrou pela primeira vez e se apaixonou por Clara Wieck, um prodígio musical, enquanto recebia aulas de piano de seu pai, Friedrich Wieck, um homem que discordava energicamente da união deles e se recusava a entregar sua filha a um "compositor sem um tostão". Irredutível, Schumann levou o assunto à corte e, após uma longa batalha judicial, teve o direito de casar com a senhora que, em 1840, se tornaria sua esposa. Robert faleceu em 1856, e Clara morreu quarenta anos mais tarde. Eles sobreviveram por seus oito filhos e inúmeras cartas de amor tão infundidas de amor que a batalha deles para se casar pode ser facilmente compreendida.

1838

Clara,

Como me fizeram feliz as suas últimas cartas — aquelas desde a véspera de Natal! Gostaria de te chamar por todos os epítetos encantadores e, no entanto, não consigo encontrar uma palavra de amor mais antiga do que a simples palavra "querida", mas há uma maneira particular de dizer isso. Minha cara, então, chorei de alegria ao imaginar que você é minha, e muitas vezes me pergunto se eu a mereço.

Alguém poderia pensar que o coração e o cérebro de um homem não suportariam todas as coisas apinhadas em um dia. De onde vêm esses milhares de pensamentos, desejos, tristezas, alegrias e esperanças? Dia após dia, dia após dia, a procissão continua. Mas eu estava alegre ontem e anteontem! Das suas cartas brilhou um espírito tão nobre, tanta fé, tanta riqueza de amor!

O que eu não faria por amor a ti, minha própria Clara! Os cavaleiros de outrora estavam melhor; podiam atravessar o fogo ou matar dragões para conquistar suas damas, mas nós de hoje devemos nos contentar com métodos mais prosaicos, como fumar menos e coisas do tipo. Afinal, podemos amar, cavaleiros ou não; e assim, como sempre, apenas os tempos mudam, não os corações dos homens...

Você não pode imaginar como a sua carta me levantou e me fortaleceu... Você é esplêndida, e eu tenho muito mais razões para estar orgulhoso de você do que você de mim. Decidi, no entanto, ler todos os seus desejos na sua cara. Então você vai pensar, mesmo não dizendo isso, que o seu Robert é alguém realmente bom, que ele é inteiramente seu e que ele o ama mais do que as palavras são capazes de dizer.

Você deve ter motivos para pensar assim num futuro feliz. Continuo te vendo como você estava em seu pequeno chapéu naquela última noite. Continuo te ouvindo me chamar du. Clara, não ouvi nada do que você disse, a não ser aquele du. Você se lembra?

Mas eu te vejo em muitos outros disfarces inesquecíveis. Uma vez você estava num vestido preto, indo ao teatro com Emilia List; foi durante a nossa separação. Eu sei que você não terá esquecido; é vívido comigo. Outra vez estava no Thomasgasschen com um guarda-chuva e você me evitou em desespero. E ainda outra vez, enquanto punha o chapéu depois de um concerto, os nossos olhos se encontravam, e os seus estavam tomados do velho e imutável amor.

Eu te imagino de todas as maneiras, como tenho te visto desde então. Não olhei muito para você, mas você me encanta de forma tão imensurável. Ah, nunca conseguirei te elogiar o bastante ou o seu amor por mim, o qual eu realmente não mereço.

Robert

CARTA Nº 20

ESTOU PROFUNDAMENTE APAIXONADO POR VOCÊ

De James Schuyler *para* John Button

Primavera de 1956

James Schuyler nasceu em Chicago em 1923 e teve uma vida atribulada. Seus pais se divorciaram cedo e, como consequência, ele passou muito tempo da infância viajando pelo país com a sua mãe e o padrasto, em busca de uma residência fixa. Quando era jovem, serviu por quatro anos na Marinha americana e, depois de ter o primeiro de vários colapsos nervosos, ficou internado em uma instituição de saúde mental em Nova York. Schuyler escreveu poemas ao longo desse tempo e em 1981, aos 57 anos, venceu o prêmio Pulitzer com a coletânea The Morning of the Poem. *No começo dos anos 1950, Schuyler conheceu o pintor John Button e se apaixonou por ele. Eles trocavam cartas regularmente.*

Querido John,

Não sei por que preciso te contar isso hoje (mas preciso) — talvez porque quando olho para fora, na neblina, tudo o que vejo são os pelos do seu peito encantador. Estou profundamente apaixonado por você, e já faz muito tempo, desde a primeira vez que Frank me levou para o seu apartamento. Olhei em volta, vi suas lindas pinturas, e de repente tudo o que sempre senti por você se transformou em um diamante ou em uma rosa ou algo assim — enfim, comecei a andar de um lado para o outro enquanto Frank tocava Poulenc e me senti exatamente como o Patinho Feio no dia em que descobre que é um cisne.

Então você chegou em casa e eu achei que nunca mais conseguiria olhar para você de novo, eu só conseguia rir de nervoso, grunhir, me contorcer. Mas desde então eu olhei bastante para você e não há mais ninguém no mundo para quem eu deseje olhar; ou queira, simplesmente.

Tenho a impressão de que tenho sido tão BOM que nem consigo mais me odiar. Não sei por que não nasci um barão ladrão, em vez de um tolo.

Agora vou andar pela rua 57 e botar fogo nela para te manter aquecido.

Isso é tudo disparate. Adoro estar apaixonado por você, faz a desgraça parecer menor que uma cabeça de alfinete, mesmo quando tudo o que eu mais desejo é poder dar meu coração para a ciência e ficar livre dele.

Com todo o meu amor,
Jimmy

"ADORO ESTAR APAIXONADO POR VOCÊ,
FAZ A DESGRAÇA PARECER MENOR QUE
UMA CABEÇA DE ALFINETE."

JAMES SCHUYLER

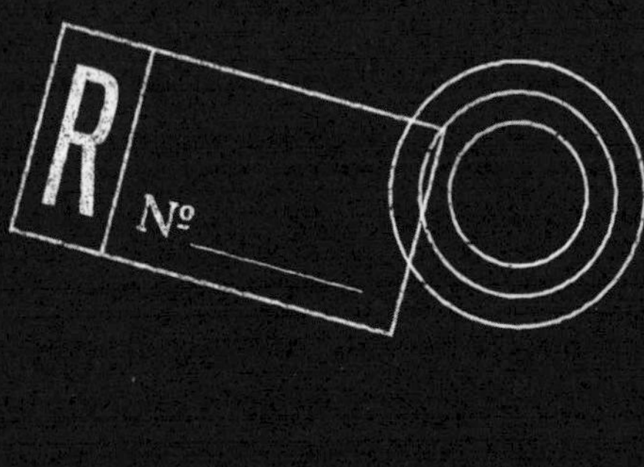
R
Nº

CARTA Nº 21

ME PROCURE EM CADA PÔR DO SOL

De Emmie *para* Sumner

Data desconhecida

Mais de 90 mil pessoas estão enterradas no cemitério Mount Auburn, um cemitério-jardim bonito e extenso em Massachusetts, inaugurado em 1831. Em uma das lápides está gravado o texto de uma carta escrita por uma mulher para o amor que ela deixou para trás.

Meu querido Sumner,

Eu sinto muito que eu tenha precisado ir, mas era a minha hora. Você sempre foi o mais forte de nós. Eu jamais teria conseguido segurar o leme por você como você fez por mim, através de mares tão escuros e avassaladores. Nos meus dias de passagem você foi, como eu sabia que seria, perfeito.

Deixei o palco, mas nunca vou deixar você. Estou em mil lugares que serão para sempre nossos. Me procure em cada pôr do sol, naqueles que casam a luz de um dia descomunal com as nuvens estufadas, brilhantes, cor-de-rosa do céu do oeste. Esses são os meus poentes, não os seus. Viva, meu querido Sumner, viva com cada grama de amor que você ainda tem para dar. Não duvide dessa fome que ainda move seu coração quente e palpitante.

Se você se sentir sozinho, me procure. Estarei lá, no pôr do sol, escute com atenção e eu irei sussurrar minha bênção.

Sua namorada para sempre,
Emmie

CARTA Nº 22

UMA PROPOSTA HORRÍVEL

De Evelyn Waugh *para* Laura Herbert

Primavera de 1936

O romancista Evelyn Waugh, autor de Retorno a Brideshead, *nasceu em Londres em 1903. Em junho de 1928, sem um tostão e três meses antes de publicar seu aclamado livro de estreia,* Declínio e queda, *ele se casou com sua primeira esposa, Evelyn Gardner — para o desgosto do pai dela, pouco impressionado pelo novo genro. Em um ano, Waugh já tinha pedido o divórcio. Anos depois, na primavera de 1936, enquanto aguardava ansiosamente a anulação do primeiro casamento, ele escreveu para Laura, a prima de dezenove anos de sua futura ex-esposa, fazendo o que ele mesmo chamou de uma "proposta horrível". Essa abordagem divertida e até dolorida, de tão honesta, valeu a pena: Evelyn e Laura se casaram no ano seguinte e ficaram juntos até a morte dele, trinta anos depois. Tiveram sete filhos.*

Bridgewater Estate Office
Ellesmere
Salop

Meu amorzinho,

Mais uma carta na noite passada. É tão nobre de sua parte.

Dizer o que você deve fazer enquanto está sozinha em Pixton. Você pode pensar um pouco em mim & se suportaria a ideia de se casar comigo. Claro que você não precisa decidir nada, mas pense nisso. Não posso te aconselhar a fazê-lo, porque acho que seria pavoroso para você, mas pense como seria bom para mim. Sou inquieto & rabugento & misantropo & preguiçoso & não tenho dinheiro algum além daquele que eu ganho, e, se eu ficar doente, você vai passar fome. Na verdade, esta proposta é horrível. Por outro lado, acho que eu poderia me endireitar & seguir à risca o intuito de não ficar bêbado, e tenho certeza de que eu seria fiel. Também existe alguma chance de haver outra crise econômica brava e, nesse caso, se você tivesse se casado com um nobre com uma casa imensa poderia acabar passando fome, enquanto eu sou muito esperto e provavelmente daria um jeito de ganhar a vida de alguma forma, em algum lugar. E, apesar de você estar se comprometendo com um camarada mais velho, ao menos eu não tenho manias. Você não se veria confinada a um lugar ou a um grupo específico. E eu também quase não tenho parentes vivos, à exceção de um irmão que mal conheço. Você não se veria enfiada no meio de uma família grande & suas fileiras & você não seria tratada com condescendência & nem teria terríveis cunhadas & tias se intrometendo, como costuma acontecer. Todas essas são pequenas vantagens comparadas ao horror da minha personalidade. Sempre tentei ser agradável com você, e você pode ter colocado na cabeça que sou de fato agradável, mas tudo isso é besteira. É só para você & por você. Eu sou ciumento & impaciente — mas não há motivo para listar todos os meus vícios. Você é uma moça atenta e tenho certeza de que conhece todos eles e muitos outros que eu mesmo não sei quais são. Mas a observação que eu queria fazer é que, se você se casar com a maioria das pessoas, você vai estar se casando com um número imenso de objetos & outras pessoas também, bem, se você se casar comigo, não há nada além de mim, e isso é tanto uma vantagem quanto uma desvantagem. Meu único laço de alguma espécie é o meu trabalho. Isso significa que durante muitos meses, todo ano, teremos de nos separar, ou você teria de me acompanhar a algum lugar bastante solitário. Mas, fora isso, poderíamos fazer o que quiséssemos & ir aonde quiséssemos — e, se você se casasse com um soldado ou com um corretor da Bolsa ou com um membro do Parlamento ou com um adestrador, ficaria mais presa.

Quando digo aos meus amigos que estou apaixonado por uma menina de dezenove anos, eles me olham em choque e dizem "coitadinha", mas não considero você tão jovem, ainda que seja muito bonita, e não acho que faça sentido o argumento de que você não tem capacidade de se comprometer com uma decisão que afeta sua vida toda por tantos anos. Mas, enfim, não há por que você tomar uma decisão ou mesmo responder. Nunca vou conseguir me livrar da sua prima. Acima de tudo, querida, não se preocupe com nada. Só deixe esse assunto repousar na sua linda cabecinha.

Daqui a oito dias estarei novamente com você, meu coração querido. Não penso em mais nada.

Com todo o meu amor,
Evelyn

CARTA Nº 23

EU ENTENDI O QUE É O AMOR

De Ansel Adams *para* Cedric Wright

10 de junho de 1937

Nascido na Califórnia em 1902, Ansel Adams foi desde cedo fascinado pela natureza e passou muito tempo explorando as vastas extensões de terra a seu redor. Foi quando completou doze anos e pôs as mãos em sua primeira câmera que descobriu sua verdadeira paixão, plantando de imediato as sementes que o alçariam ao estrelato como um dos mais famosos fotógrafos de paisagem da história. Infelizmente, em 1936, em meio a uma carga implacável de trabalho e a complicações no casamento, Adams teve um colapso nervoso. Depois de ter passado pelo hospital, ele decidiu, precisando desesperadamente de um tempo longe de tudo, que devia voltar com sua família para o único lugar onde poderia encontrar algum consolo: Yosemite, na Califórnia. Alguns meses depois, quando já estava recuperado, escreveu uma carta para seu melhor amigo e mestre, o fotógrafo Cedric Wright.

Parque Nacional Yosemite
10 de junho de 1937

Caro Cedric,

Aconteceu uma coisa estranha comigo hoje. Vi uma nuvem negra imensa baixar sobre o Half Dome, e ela era tão grande, e clara, e brilhante, que me fez ver muitas coisas que estavam se arrastando dentro de mim, à deriva; coisas sobre aqueles que são amados e aqueles que são os amigos de verdade.

Pela primeira vez, eu *entendi* o que é o amor; o que são os amigos; o que a arte deve ser.

O amor é uma busca por um modo de viver; o caminho que não pode ser seguido sozinho; a reverberação de todas as coisas espirituais e físicas. As crianças não são só carne e osso — as crianças podem ser ideias, pensamentos, emoções. A pessoa que amamos é uma forma composta por uma miríade de espelhos, refletindo e iluminando os poderes, e pensamentos, e as emoções que estão dentro de você, e jogando outro tipo de luz a partir de dentro. Nenhuma palavra ou nenhum gesto consegue abarcar isso.

A amizade é um tipo de amor — mais passivo, talvez, mas cheio de transmissão e aceitação de coisas como nuvens negras e grama e o granito claro da realidade.

A arte é ao mesmo tempo amor e amizade, e compreensão; o desejo de dar. Não é caridade, que é a doação de Coisas, é mais que gentileza, que é a doação de si. Ela é ao mesmo tempo pegar e doar a beleza, trazer à luz as dobras internas da consciência do espírito. É a recriação, em outro plano, das realidades do mundo; as realidades trágicas e maravilhosas da Terra e dos homens, e de todas as suas inter-relações.

Espero que a nuvem negra tenha chegado até Tahoe e te libertado; eu não poderia te desejar nada melhor.

Ansel

"O AMOR É UMA BUSCA POR UM MODO DE VIVER; O CAMINHO QUE NÃO PODE SER SEGUIDO SOZINHO; A REVERBERAÇÃO DE TODAS AS COISAS ESPIRITUAIS E FÍSICAS."

ANSEL ADAMS

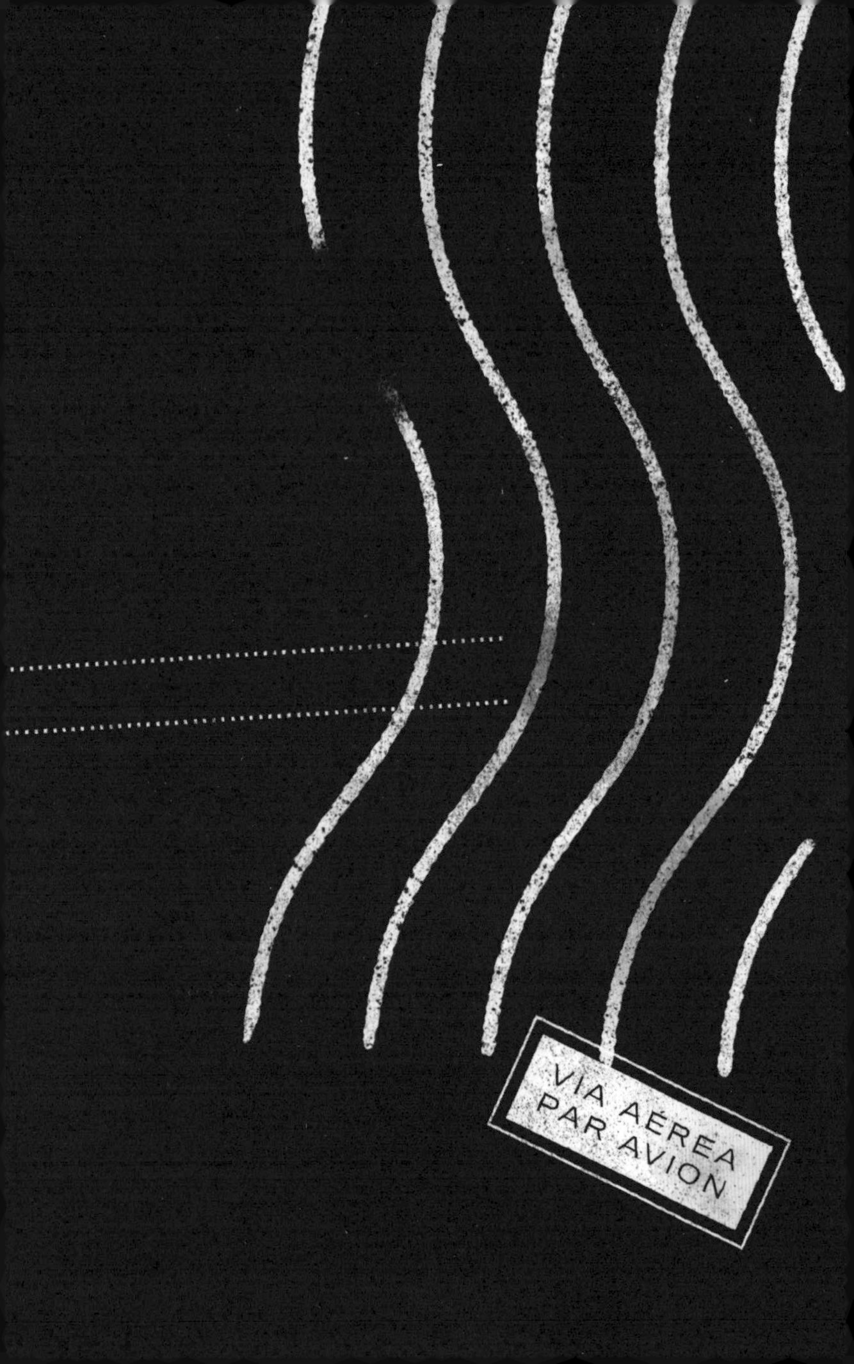
VIA AÉREA
PAR AVION

CARTA Nº 24

ESTOU TE AMPUTANDO

De Frida Kahlo *para* Diego Rivera

1953

Foi em 1927 que Frida Kahlo conheceu Diego Rivera, um colega artista 21 anos mais velho que logo se tornou seu mestre e marido. Sua vida tinha sido dura até então — quando criança ficou acamada por causa de poliomielite e, na juventude, por um grave acidente de trânsito que lhe causou problemas durante toda a vida —, mas Kahlo enfrentou tudo com a força de seu amor pela arte. Já adulta, ela obteve sucesso, tornando-se uma das pintoras mais admiradas da época. Rivera também foi bastante festejado. O casamento deles era famoso por ser turbulento e imprevisível. Em 1953, um ano antes de sua morte, Kahlo teve uma perna amputada devido a uma gangrena. Enquanto aguardava a cirurgia, ela escreveu uma carta para Rivera.

México, 1953

Meu querido sr. Diego,

Estou escrevendo esta carta de um quarto de hospital, antes de entrar na sala de cirurgia. Querem que eu me apresse, mas estou decidida a primeiro terminar de escrever, pois não pretendo deixar nada sem finalizar. Ainda mais agora, que sei o que estão planejando. Querem ferir o meu orgulho me cortando uma perna fora. Quando me contaram que seria necessário amputar, a notícia não me abalou como tinham previsto. Não, eu já era uma mulher mutilada quando te perdi pela enésima vez, acho, e ainda assim sobrevivi.

Não tenho medo da dor, e você sabe disso. Ela é quase inerente a mim, mas confesso que sofri, e muito, quando você me traiu, a cada vez que você me traiu, não só com a minha irmã, mas com tantas outras mulheres. Como elas se deixaram enganar por você? Você acha que eu fiquei possessa por causa da Cristina, mas hoje confesso que não foi por ela. Foi por você e por mim. Antes de tudo, por mim, porque nunca consegui entender o que você queria e procurava, o que elas te davam que eu não sabia dar. Não nos enganemos, Diego, eu te dei tudo o que é humanamente possível dar, e nós dois sabemos disso. De qualquer modo, como você consegue seduzir tantas mulheres sendo um filho da puta tão feio?

Não estou te escrevendo para te acusar de nada além do que já acusamos um ao outro, nesta e em tantas outras vidas cruéis. É porque vão me cortar uma perna (que droga, ela conseguiu enfim o que queria). Eu te falei que me considero incompleta por muito tempo, mas que merda que todo mundo precisa saber disso também? Agora minha fragmentação vai ser óbvia, vai estar à vista de todos, de você... Por isso estou te contando, antes de você ficar sabendo por algum passarinho. Me perdoe por não ir até a sua casa te contar em pessoa, mas, dadas as minhas condições e as circunstâncias, não posso sair do quarto nem para usar o banheiro. Não é o meu objetivo provocar pena em você nem em qualquer outra pessoa, não quero que se sinta culpado. Estou escrevendo para que saiba que estou te libertando, estou te amputando. Seja feliz e nunca mais me procure. Não quero saber de você, não quero que você saiba de mim. Se tem algo de que eu gostaria antes de morrer, é de não ter que ver sua cara horrível pra cacete vagando pelo meu jardim.

Isso é tudo. Agora posso ser retalhada em paz.

Adeus de quem é enlouquecida e
violentamente apaixonada por você,
Sua Frida

SELO

CARTA Nº 25

LONGE DE VOCÊ EU NÃO SOU NINGUÉM

De Lester Halbreich *para* Shirley Halbreich

Agosto de 1944

Lester Halbreich e Shirley Scheller se conheceram em 1941 no Hotel Stevensille, nas montanhas Catskills, no estado de Nova York, quando Lester, que era garçom, atendeu a mesa de Shirley e sua família, que estavam de férias. Quatro meses depois, em 24 de dezembro, eles se casaram; mas àquela altura tudo tinha mudado para os Halbreich e para inúmeros outros, a partir da investida militar japonesa contra Pearl Harbor. O ataque colocou os Estados Unidos na Segunda Guerra Mundial no dia seguinte, e Lester foi convocado para a Marinha. Nos dezoito meses em que ele passou servindo, os dois trocaram cartas quase diariamente. Quando Lester voltou para casa, havia uma correspondência de cerca de seiscentas cartas, muitas das quais foram depois publicadas pela filha deles. Numa noite de domingo de agosto de 1944, sentindo a falta dela mais do que nunca, Lester abriu seu coração nesta missiva.

Agosto de 1944
(23h, domingo)

Minha querida esposa,

E sou sincero quando digo "minha querida esposa". Meu colega de quarto está lendo neste momento, então posso me sentar aqui por alguns minutos para te escrever e dizer o quanto te amo e o quanto você significa para mim.

Sei que já te falei isso mil vezes ou mais, mas não custa repetir. Eu te amo, minha querida, com todo o meu coração, com toda a minha alma, com toda a minha força. Enquanto estou aqui sentado à máquina, vejo em minha frente suas duas fotografias. Meu coração viaja até você na paixão mais profunda, e eu poderia até morrer de tanto amor não correspondido porque você não está aqui comigo.

Senti sua falta o dia todo. Tentei preencher o vazio. Joguei damas e boliche, fui ao cinema, bebi cerveja com os rapazes, ri e fiz brincadeiras (o melhor que pude), mas o tempo todo eu sentia um buraco imenso que nada, só a sensação de ter você nos braços e apertá-la contra mim, pode preencher. Sinto falta do calor dos seus lábios contra os meus, você bem perto de mim em todos os sentidos. Estou com saudades absurdas, colossais de você... e estou contente; contente porque sei que você sente minha falta tanto quanto eu a sua; e contente com a expectativa do nosso reencontro.

Ah, querida, quanta sorte temos de nos amarmos. Todo dia (ou quase todo dia) conheço pessoas que estão casadas e não se amam, e o que a vida reserva para elas? Nada. Mas para você e para mim, meu amor tão querido, a vida nos reserva tudo. Ora só a perspectiva de estar com você é que faz valer a pena.

Não me envergonho de estar apaixonado. Eu estou apaixonado. Se você estivesse comigo agora, eu te amaria com muita paixão (como eu só poderia amar você, dentre todas as mulheres do mundo, assim como você só poderia amar a mim). Passei o dia todo pensando em você. Tentei te telefonar de noite, mas a espera estava longa demais, então sentei aqui e estou me enviando para você do melhor jeito que consigo, via máquina de escrever.

Não voltarei a escrever tão cedo, minha vida, meu motivo para viver, mas desta vez eu precisava deixar todo o amor que sinto por você correr solto.

Eu te amo. Você é minha *raison d'être*. Sem você a vida não tem sentido; com você ela é um soneto perfeito, uma pedra preciosa, uma sinfonia concebida à perfeição. Ou, para dizer sem meias palavras, eu não era um cara nada legal antes de te conhecer. Longe de você, não sou ninguém. O último mês deixou isso muito claro.

Eu poderia continuar delirando. Mas não, querida, é isto que quero fazer: ficar sentado aqui, olhando para sua fotografia, desfrutar da beleza do seu corpo e da sua alma e me regozijar com o pensamento de que, assim como eu te amo, você me ama; mas extasiado que estou pensando em você, a vontade dos meus três colegas de quarto deve ser respeitada, e eles querem dormir. Então, boa noite, meu amor mais querido, durma bem e, por favor, pense em mim todas as noites antes de dormir, tal como eu contigo.

Com amor,
Les

CARTA Nº 26

MIL BEIJOS TÃO ARDENTES QUANTO MINHA ALMA

De Napoleão Bonaparte *para* Joséphine de Beauharnais

19 de julho de 1796

Nascido na Córsega em 1769, Napoleão Bonaparte é considerado um dos líderes militares mais poderosos e eficientes da história e um estrategista sem igual. Sua ascensão foi rápida, e, em 1804, depois de comandar a campanha francesa no Egito e na Síria, ele foi coroado imperador da França; no ano seguinte, era rei da Itália. Em 1795, quando começava a subir escalões, ele conheceu Joséphine de Beauharnais, por quem se apaixonou, e a quem pediu em casamento em poucos meses. Em março de 1796, 48 horas depois de se casarem, ele a deixou para comandar o Exército francês na guerra. Napoleão era um missivista ávido e, mesmo em meio a um conflito, conseguia escrever incontáveis cartas de amor para sua esposa. Também era impaciente e costumava entrar em desespero quando não recebia uma resposta de Joséphine, como em 19 de julho de 1796.

Marmirolo, 19 de julho de 1796

Faz dois dias que não recebo cartas suas. Esta é pelo menos a trigésima vez do dia em que comento isso comigo mesmo; você deve estar achando isso muito aborrecido; você não pode duvidar, no entanto, da inquietação única e comovente que provoca em mim.

Atacamos Mântua ontem. Investimos com duas baterias de canhão e morteiros. A pobre cidade queimou por toda a noite. Foi um espetáculo horrível e majestoso. Conquistamos diversas fortificações e vamos abrir as trincheiras nesta noite. Amanhã parto para Castiglione com o quartel-general e acredito que vou dormir lá. Recebi correspondência de Paris. Havia duas cartas para você; eu as li. Mas, embora isso me pareça quase natural, e embora você tenha me dado permissão para fazê-lo outro dia, temo que fique irritada, o que é um grande problema para mim. Eu gostaria de tê-las selado novamente: ah!, isso teria sido um horror! Se sou culpado, imploro seu perdão. Juro que não o faço por ciúmes; de forma alguma, tenho uma consideração grande demais por minha querida para isso. Gostaria que me concedesse autorização por completo para ler suas cartas; assim, não haveria mais remorso nem apreensão.

Achille acaba de chegar com a correspondência de Milão; nenhuma carta da minha amada! Adeus, minha única alegria.

Quando poderá vir ao meu encontro? Terei de ir buscá-la eu mesmo em Milão.

Mil beijos tão ardentes quanto meu coração, tão castos quanto você.

Convoquei o mensageiro; ele me diz que passou em sua casa e que você lhe disse que não tinha nenhuma solicitação. Ah! Que má, preguiçosa, cruel e tirana, essa linda monstrinha. Você ri das minhas ameaças, da minha obsessão; ah, você bem sabe que, se eu pudesse te guardar dentro do meu peito, te deixaria presa lá!

Me conte que está feliz, com boa saúde e muito amorosa.

Bonaparte

"AH, VOCÊ BEM SABE QUE, SE EU PUDESSE TE GUARDAR DENTRO DO MEU PEITO, TE DEIXARIA PRESA LÁ!"

NAPOLEÃO BONAPARTE

VIA AÉREA
PAR AVION

CARTA Nº 27

BOA SORTE, MINHA QUERIDA

De Nelson Mandela *para* Winnie Mandela

23 de junho de 1969

Décadas antes de se tornar o primeiro presidente negro da África do Sul e um ano depois de terem se conhecido, Nelson Mandela casou com Winnie Madikizela. Os dois ficaram juntos por 38 longos anos — e muitas vezes terríveis, em termos pessoais e políticos. Mandela foi preso apenas cinco anos depois do casamento; passou 27 anos encarcerado em seu país natal por causa de seu ativismo contra o apartheid, dezoito deles em uma cela de 2 × 2,5 metros na ilha Robben, quase sem contato com o exterior. Lá recebeu a notícia, em 1969, de que Winnie também tinha sido detida, por dezesseis meses. A única forma de comunicação durante o cumprimento das penas eram as cartas, algumas das quais nunca chegaram aos destinatários. Esta aqui, escrita por Mandela em junho de 1969, felizmente chegou a seu destino.

23 de junho de 1969

Minha querida,

Um dos meus pertences mais valiosos aqui é a primeira carta que me escreveu, em 20 de dezembro de 1962, logo depois da minha primeira condenação. Durante os últimos seis anos e meio eu a li e reli tantas vezes & os sentimentos ali expressos estão tão frescos & resplandecentes agora quanto no dia em que eu a recebi. Por causa das suas ambições & opiniões & do seu papel no atual embate de ideias, eu sempre soube que mais cedo ou mais tarde você seria detida. Mas, considerando tudo pelo que passei, eu tinha uma vaga esperança de que tal catástrofe seria postergada & de que você fosse poupada do infortúnio & da desgraça que é a vida na prisão. Por isso, quando a notícia da sua detenção chegou a mim, em 17 de maio, em meio a minha preparação febril para os exames finais, que seriam em apenas 25 dias, fui pego desprevenido & me senti muito triste & solitário. Era muito importante para mim que você estivesse livre & pudesse andar por aí sem restrições. Eu ansiava por todas as suas visitas & pelas de toda a família & dos amigos, que você organizava com sua habilidade & entusiasmo característicos; pelos encantadores cartões de aniversário, de aniversário de casamento & de Natal, que você nunca deixava de enviar; &

pelos fundos que, apesar de todas as dificuldades, conseguia levantar. O que tornou o desastre ainda mais danoso foi que sua última visita foi no dia 21 de dezembro & eu na verdade estava te esperando no mês passado ou em junho. Também estava aguardando sua resposta à minha carta de 2 de abril, em que eu falei da sua doença & fiz algumas sugestões.

Depois de receber a notícia, senti por algum tempo como se tivesse parado de funcionar & fiquei voltando quase como por instinto à sua carta, como tanto fiz no passado, sempre que minha perseverança enfraquecia ou quando eu queria afastar a cabeça dos problemas incessantes:

"A maioria das pessoas não entende que a sua presença física não teria significado nada para mim se os ideais aos quais você dedicou sua vida não tivessem sido entendidos. Viver em esperança é, para mim, a coisa mais maravilhosa que existe. Nossa curta vida juntos, meu amor, sempre foi cheia de expectativas... Nesses anos frenéticos & violentos, passei a te amar ainda mais do que antes... Nada é mais precioso que ser parte integrante da formação da história de um país."

Essas são algumas das pérolas que estão na sua carta maravilhosa & depois de percorrê-la no dia 17 de maio eu me senti de novo o mais feliz dos homens. Os desastres sempre hão de acontecer, deixando as vítimas completamente derrotadas ou mais fortes & preparadas &

ainda mais capazes de enfrentar a próxima leva de desafios que vai chegar. É exatamente nesse momento que você deve lembrar que a esperança é uma arma poderosa & que poder algum no mundo pode privá-lo dela & que nada é mais precioso que ser parte & integrante da história de um país. Valores sólidos na vida & no pensamento sociais não podem ser criados por pessoas indiferentes ou hostis às verdadeiras aspirações de uma nação. Em primeiro lugar, porque tais pessoas sem alma, sem orgulho nacional & sem ideais pelos quais lutar não são capazes de sofrer nem humilhação nem derrota; elas não podem desenvolver nenhuma herança nacional, não possuem nenhuma missão sagrada como inspiração & não conseguem criar nenhum mártir ou herói nacional. Um novo mundo não será conquistado por esses que se mantêm ao longe, de braços cruzados, mas por aqueles que estão na arena, cujas vestes são rasgadas pelas tormentas & cujos corpos são mutilados no combate. A honra pertence àqueles que nunca abandonam a verdade, nem quando tudo parece obscuro & macabro, àqueles que tentam de novo & de novo, que não se deixam esmorecer por ofensas, humilhações & mesmo derrota. Desde o despontar da história a humanidade honrou & respeitou pessoas corajosas & honestas, homens & mulheres como você, querida — uma menina comum que saiu de um vilarejo rural que mal consta da maioria dos mapas, mulher em um *kraal*, que é o que de mais humilde existe, até mesmo para os padrões camponeses.

Minha devoção a você me impede de dizer publicamente mais do que já fiz neste bilhete, que vai passar por muitas mãos. Um dia teremos a privacidade que nos permitirá dividir os pensamentos amorosos que temos guardado sepultados no coração nos últimos oito anos.

Você será indiciada & provavelmente condenada no devido tempo. Sugiro que discuta as questões com Niki assim que for indiciada & tome as providências necessárias para ter fundos para estudo, higiene, comida para o Natal & outros gastos pessoais. Você também precisa pedir que ela te mande, assim que você for condenada, fotos com molduras de couro adequadas. Minha experiência me ensinou que uma foto de família é tudo na prisão & você precisa ter uma desde o começo. De mim, você receberá todas as minhas cartas mensais, querida. Escrevi uma longa carta para Zeni & Zindzi, aos cuidados de Niki, explicando a situação para tentar mantê-las informadas & animadas. Espero que tenham recebido minha carta anterior, de 4 de fevereiro. No mês passado escrevi para mamãe no Bizana & para Sidumo. Neste mês vou escrever para Telli & para o tio Marsh. Não tive notícias de Kgatho, Maki, Wonga, Sef, Gibson, Lily, Mthetho & Amina, para quem escrevi entre dezembro & abril.

Foi possível escrever esta carta graças à gentil autorização do brigadeiro Aucamp & tenho certeza de que ele estará a seu dispor para ajudá-la caso você queira responder a esta carta enquanto ainda estiver detida. Se conseguir, confirme que recebeu minha carta de abril. Enquanto isso, gostaria que soubesse que penso em você em todos os momentos do dia. Boa sorte, minha querida. Um milhão de beijos & toneladas & toneladas de amor.

Com devoção,
Dalibunga

CARTA Nº 28

EU AMO JUNE CARTER, AMO MESMO

De Johnny Cash *para* June Carter

23 de junho de 1994

Os cantores country Johnny Cash e June Carter se encontraram pela primeira vez em um show em 1956, e, apesar de Cash já ser casado, a conexão foi imediata. Cash pediu Carter em casamento mais de uma vez, sem sucesso, mas em 1º de março de 1968, treze anos depois de terem se conhecido e apenas uma semana depois de Cash tê-la pedido em casamento no palco durante um show, eles enfim se casaram e ficaram juntos até a morte dela, 35 anos depois. Em 1994, no aniversário de 65 anos de June, Johnny lhe escreveu uma carta. Ela ainda viveria nove anos. Logo após sua morte, ele escreveu outro bilhete.

23 de junho de 1994
Odense, Dinamarca

Feliz aniversário, princesa,

Envelhecemos e nos acostumamos um com o outro. Pensamos parecido. Lemos a mente um do outro. Sabemos o que o outro quer sem precisar perguntar. Às vezes nos irritamos um pouco com o outro. Às vezes, talvez, não damos muito valor ao outro.

Mas vez ou outra, como hoje, paro para pensar sobre isso e percebo que sorte tenho de dividir a vida com a mulher mais incrível que já conheci. Você ainda me fascina e me inspira. Você me instiga a ser melhor. Você é o objeto do meu desejo, a razão número 1 do mundo para a minha existência. Eu te amo muito.

Feliz aniversário, princesa.
John

11 de julho de 2003
Meio-dia

Eu amo June Carter, amo mesmo. Sim, eu amo.
Eu amo June Carter, amo mesmo. E ela me ama.

Mas agora ela é um anjo, e eu não. Agora ela é um anjo, e eu não.

CARTA Nº 29

UM GUINCHO DE DOR

De Vita Sackville-West *para* Virginia Woolf

21 de janeiro de 1926

O casamento da importante romancista Vita Sackville-West com Sir Harold Nicolson era a definição de um relacionamento aberto, em que ambos desfrutaram de relações extraconjugais homossexuais por muitos dos 49 anos que passaram juntos. No começo da década de 1920, Vita deu início ao que seria seu caso mais famoso, com Virginia Woolf, a escritora imensamente influente de clássicos como Mrs. Dalloway *e* Orlando *— este último, parcialmente inspirado na vida de Vita. Em janeiro de 1926, relutante, Vita foi embora de Londres para se juntar a seu marido, que era então diplomata no Irã, por quatro longos meses. No dia 21, a bordo do trem, Vita escreveu uma carta cheia de saudades para a amante que ela tinha deixado para trás.*

Milão
21 de janeiro

Estou reduzida a uma coisa que deseja Virginia. Compus uma carta linda para você nas horas insones de pesadelo da noite, e ela se perdeu: apenas sinto muito a sua falta, de um jeito bem simples, desesperado, humano. Você, com todas as suas cartas nada bobas, jamais escreveria uma frase tão rudimentar assim; talvez nem conseguisse senti-la. No entanto, acredito que você perceberá uma pequena lacuna. Mas talvez você a vestisse com uma frase tão estupenda que ela até perderia um pouco de sua realidade. Enquanto, para mim, isso é bastante evidente: sinto sua falta ainda mais do que imaginei; e eu estava preparada para sentir bastante a sua falta. Por isso esta carta é só um guincho de dor. É inacreditável como você se tornou essencial para mim. Eu imagino que você esteja acostumada a ouvir isso das pessoas. Que droga, sua criatura mimada; não vou fazer você me amar mais ao me derreter dessa forma — Mas, ah, minha querida, *não consigo* ser inteligente e cerimoniosa com você: te amo demais para isso. Demais. Você não imagina como posso ser cerimoniosa com as pessoas que não amo. Elevei isso à categoria de arte. Mas você derrubou minhas defesas. E eu realmente não me importo.

Mas não vou mais te incomodar com isso.

Estamos de novo em movimento, e o trem voltou a chacoalhar. Preciso escrever das estações — que felizmente são muitas ao longo da planície lombarda.

Veneza. São muitas as estações, mas não previ que o Expresso do Oriente não pararia nelas. E aqui estamos, em Veneza, só por dez minutos —, um tempo miserável para tentar e escrever. Não há tempo nem para comprar um selo italiano, então isto terá que ser enviado de Trieste.

As cachoeiras da Suíça se congelaram em sólidas cortinas iridescentes de gelo, penduradas acima das pedras; tão bonitas. E a Itália toda está coberta de neve.

Vamos voltar a andar. Terei de esperar até Trieste, amanhã de manhã. Por favor, me perdoe por escrever uma carta tão terrível.

V.

"ESTOU REDUZIDA A UMA COISA QUE DESEJA VIRGINIA."

VITA SACKVILLE-WEST

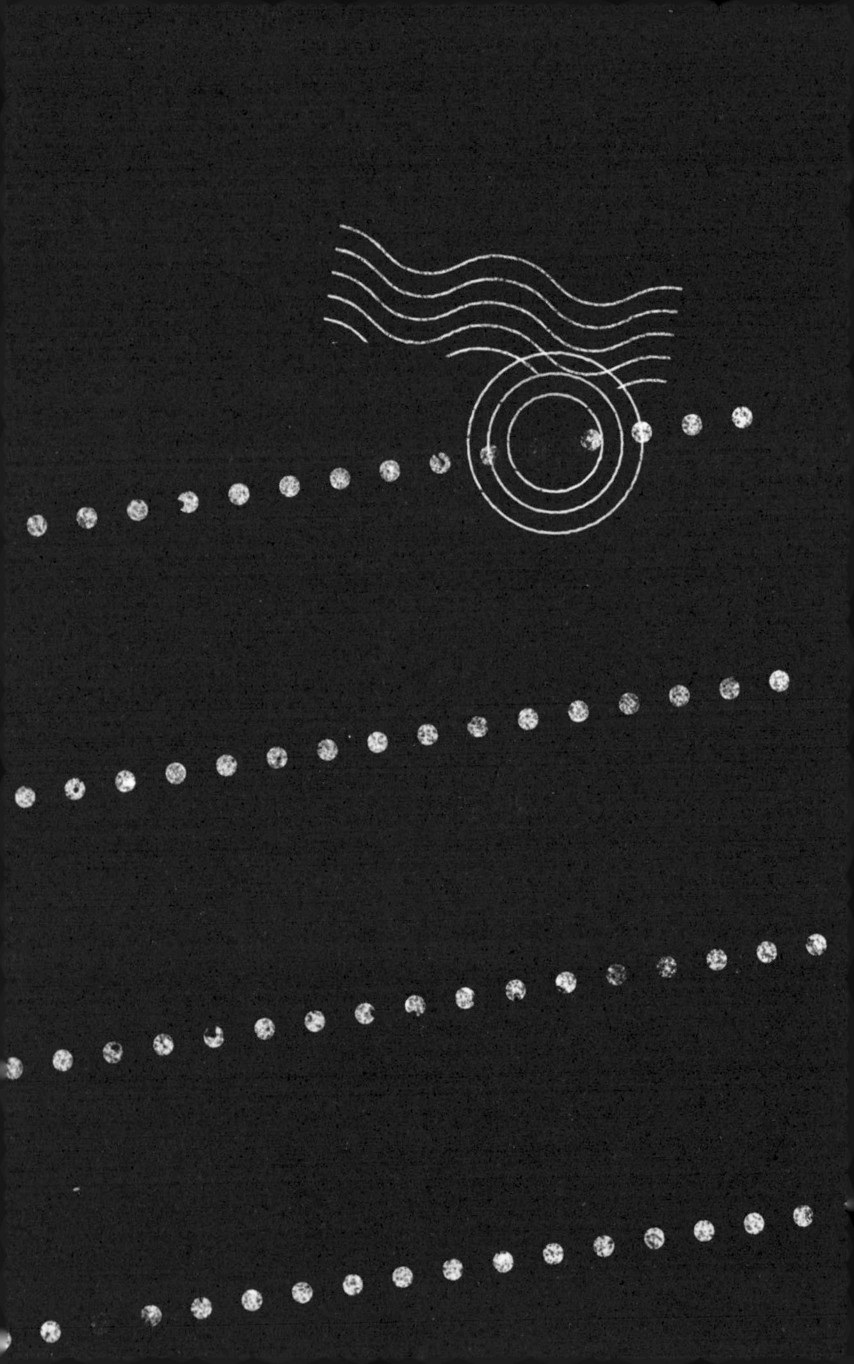

CARTA Nº 30

ESTAREI SEMPRE POR PERTO

De Sullivan Ballou *para* Sarah Ballou

14 de julho de 1861

Em 1861, às vésperas da Guerra Civil Americana, um advogado de 32 anos chamado Sullivan Ballou deixou sua esposa, com quem era casado havia cinco anos, e seus dois filhos e se juntou ao Exército da União como major. No dia 14 de julho daquele ano, bastante ciente de que tempos muito difíceis estavam por vir, escreveu, mas não enviou, esta linda carta para sua esposa, informando-a, de modo eloquente, dos perigos que ele estava enfrentando e expressando seu amor à família e à pátria. Infelizmente, duas semanas depois, Sullivan foi morto na Primeira Batalha de Bull Run — o primeiro grande conflito dessa guerra que durou quatro anos e matou cerca de 750 mil pessoas —; 93 homens seus também morreram. A carta foi encontrada entre seus pertences e entregue à viúva, porém acabou se perdendo. Esta cópia, que se acredita ter sido transcrita por um parente, está guardada na Biblioteca Presidencial Abraham Lincoln.

Sarah, que tinha 24 anos quando ele morreu, nunca voltou a se casar. Faleceu aos oitenta anos e foi enterrada ao lado do marido em Providence, no estado de Rhode Island.

Quartel-general
Camp Clark
Washington, D.C.
14 de julho de 1861

Minha esposa tão querida,

Há fortes indícios de que partiremos dentro de alguns dias, talvez amanhã, e temendo nunca mais poder lhe escrever senti-me impelido a escrever umas poucas linhas que podem chegar aos seus olhos quando eu já não estiver mais aqui. Nossa marcha deve durar alguns dias e ser bastante prazerosa. E poderá acabar em luta e em morte para mim. "Não se faça a minha vontade, ó Deus, mas a vossa." Se é preciso que eu morra por minha Pátria no campo de batalha, estou pronto. Não tenho dúvidas sobre isso nem sobre a causa pela qual luto, e não vou ser detido nem enfraquecido em minha coragem. Sei que a Civilização Americana agora depende do sucesso do governo, e que temos uma grande dívida para com os que nos precederam pelo sangue e pelo sofrimento da Revolução; e estou disposto, perfeitamente disposto, a abandonar todas as minhas alegrias nesta vida para ajudar a manter o Governo e pagar essa dívida.

Mas, minha querida esposa, quando penso que ao renunciar às minhas alegrias estarei sacrificando quase todas as suas — e substituindo-as nesta vida por preocupação e tristeza —, quando, depois de eu mesmo ter provado por tantos anos a fruta amarga da orfandade, a ofereço como único sustento para meus queridos filhinhos, será fraqueza ou falta de honra que, enquanto um estandarte com as nossas intenções balança calmo e orgulhoso ao vento, por baixo dele meu amor ilimitado por você, minha querida esposa, e pelas crianças se debate em uma competição desesperada mas inútil com meu amor à Pátria

Não consigo descrever minha sensação nesta noite tranquila de verão, enquanto 2 mil homens estão dormindo em torno de mim, muitos deles entregues ao que talvez seja seu último sono antes do sono da Morte. E eu desconfio que a Morte esteja sorrateira atrás de mim, com seu dardo fatal, e eu em comunhão com Deus meu País e vocês. Atenta e diligentemente muitas vezes perscrutei meu coração em busca de algum motivo iníquo para arriscar a felicidade de todos que amo e não encontrei nenhum. Um puro amor à minha Pátria e aos princípios que sempre defendi diante de todos e à honra que amo mais do que temo a morte me convocou e eu obedeci.

Sarah meu amor por você ultrapassa a morte, ele parece me envolver com Cabos Poderosos que nada além da Onipotência pode quebrar. E, no entanto, sou tomado pelo amor à Pátria como por um vento forte, e me carrega sem resistência com todas essas correntes para o campo de batalha, as recordações de todos os momentos de júbilo que vivi com você assomam, e me sinto profundamente grato a Deus e a você por tê-los desfrutado por tanto tempo. E como é difícil abrir mão deles; e reduzir a cinzas as esperanças dos anos por vir que, com a vontade de Deus, ainda teríamos para amar e amar juntos e ver nossos meninos crescer conosco e se tornar homens honrados. Sei que tenho apenas alguns pequenos pedidos à Divina Providência mas ouço um leve sussurro, talvez seja a oração do meu pequeno Edgar, desejando que eu retorne ileso aos que amo. Se eu não retornar minha querida Sarah nunca esqueça que te amei muito nem que, quando eu der meu último suspiro no campo de batalha, sussurrarei seu nome

Perdoe meus muitos erros e as tantas dores que causei em você. Como fui desatento como fui tolo às vezes! Gostaria tanto de poder lavar com minhas lágrimas cada pequena nódoa da sua felicidade e como eu queria lutar contra todas as desgraças deste mundo para proteger você e as crianças mas não posso devo guardá-los do mundo espiritual e pairar a seu lado enquanto você briga com as tempestades com seus próprios e valiosos meios — e esperar com uma paciência triste até nos encontrarmos para não mais nos deixarmos

Mas ah Sarah! se for permitido aos mortos voltar a esta terra e revoar ao redor daqueles que amam, estarei sempre com você, no dia mais claro e na noite mais sombria, em seus momentos mais felizes e suas horas mais desesperançadas sempre

sempre e quando a brisa suave soprar em seu rosto será meu suspiro ou o ar frio em suas têmporas pulsantes, será meu espírito atravessando. Sarah, não chore minha morte, pense que fui embora e me espere pois vamos nos reencontrar.

Quanto aos meus menininhos, vão crescer assim como eu, sem nunca conhecer o amor e o cuidado de um pai.

Pequeno Willie é jovem demais para se lembrar de mim mas meu Edgar de olhos azuis vai saber guardar minhas brincadeiras nas lembranças mais remotas de sua infância

Sarah confio cegamente no seu cuidado maternal e em sua capacidade de desenvolver o caráter deles. Diga às minhas duas Mães que peço que Deus as abençoe

Ah! Sarah eu espero por você então venha me encontrar e traga minhas crianças.

Sullivan

"MEU AMOR POR VOCÊ ULTRAPASSA A MORTE, ELE PARECE ME ENVOLVER COM CABOS PODEROSOS QUE NADA ALÉM DA ONIPOTÊNCIA PODE QUEBRAR."

SULLIVAN BALLOU

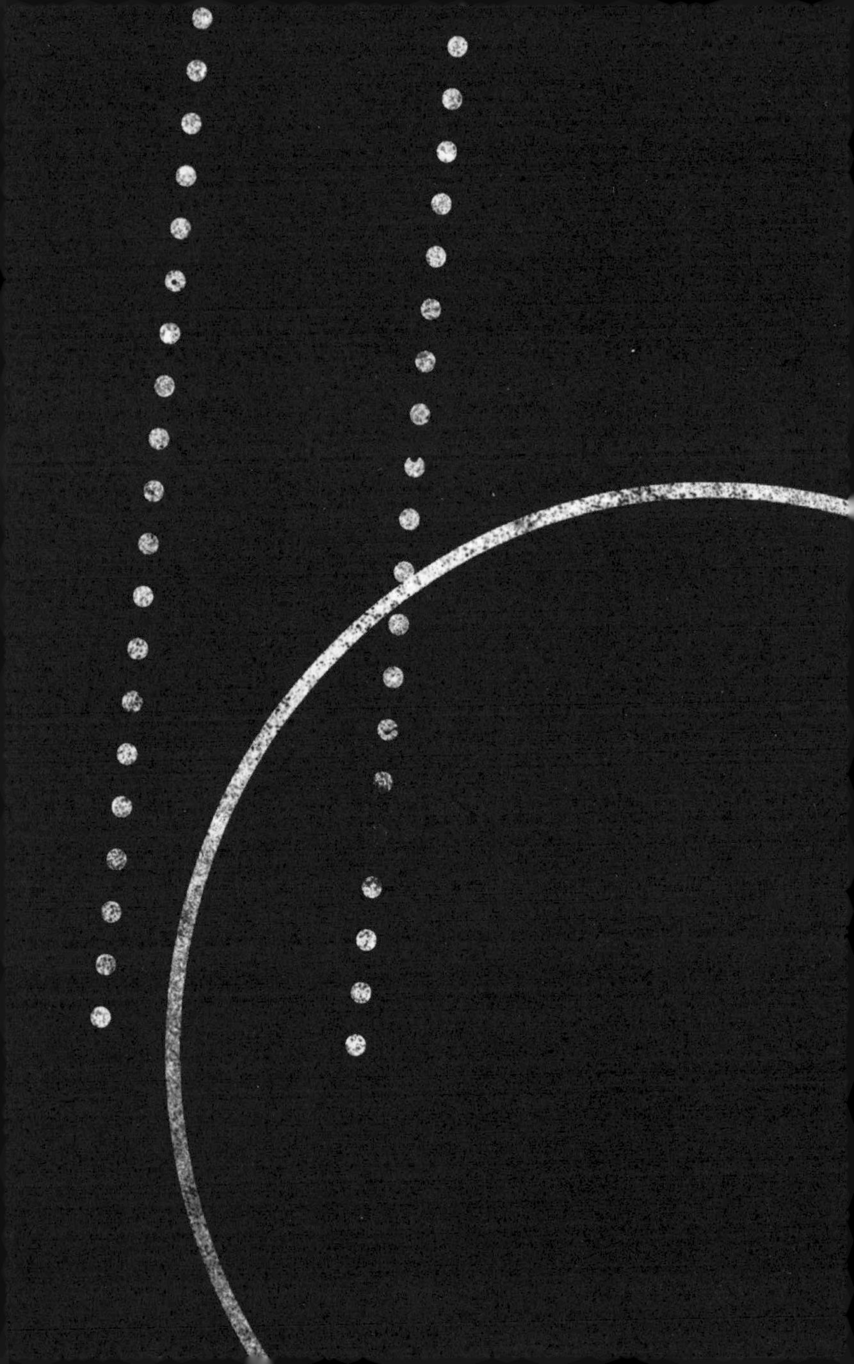

Cartas extraordinárias nasceu em 2009 com o lançamento do site lettersofnote.com, uma plataforma que celebra a maneira antiga de se corresponder e já foi acessada mais de 100 milhões de vezes. O primeiro volume de *Cartas extraordinárias* foi publicado originalmente em outubro de 2013, e, no Brasil, pela Companhia das Letras, em novembro de 2014, seguido naquele mesmo ano pelo primeiro Letters Live, uma apresentação em que artistas de diversas partes do mundo ofereceram ao público cartas incríveis.

Desde então, esses dois irmãos cresceram juntos, com *Cartas extraordinárias* como fenômeno internacional e Letters Live como um espetáculo performado nos locais mais icônicos do mundo, indo do Royal Albert Hall de Londres ao teatro do Ace Hotel em Los Angeles.

Para mais informações, acesse: <lettersofnote.com> e <letterslive.com>.

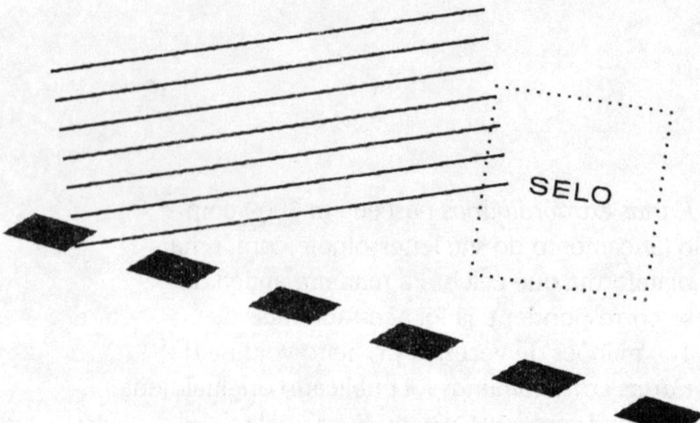
SELO

CRÉDITOS

Foram feitos todos os esforços para rastrear os detentores de direitos autorais e obter sua permissão para o uso do material protegido. O editor pede desculpas por quaisquer erros ou omissões e ficaria grato se notificado de qualquer correção que deva ser incorporada em futuras reimpressões ou edições deste livro.

Carta 01: Carta de John Steinbeck para Thom Steinbeck (11/10/1958), copyright © 1952 by John Steinbeck, © 1969 by The Estate of John Steinbeck, © 1975 by Elaine A. Steinbeck e Robert Wallsten; de *Steinbeck: A Life in Letters*, organizado por Elaine Steinbeck e Robert Wallsten. Utilizada com a permissão de Viking Books, um impresso do grupo Penguin, uma divisão da Penguin Random House LLC. Todos os direitos reservados/ Reimpresso com a permissão de Curtis Brown Group Ltd., em nome do Estate of John Steinbeck/ Copyright © 1952 by John Steinbeck Copyright © Executors of the Estate of John Steinbeck, 1969. Reproduzido com a permissão de McIntosh & Otis, Inc./ 387 palavras de *A Life in Letters* de John Steinbeck (Penguin Classics, 2001). Copyright © Elaine A. Steinbeck e Robert Wallsten, 1975.

Carta 02: De *Lettres à Nelson Algren 1947-1964* © 1997, Éditions Gallimard.

Carta 03: Reproduzida com a gentil permissão de Martha Freeman, neta de Dorothy Freeman e organizadora de *Always, Rachel: The Letters of Rachel Carson and Dorothy Freeman*, 1952-1964.

Carta 06: Copyright © 2014, The Estate of Vladimir Nabokov, utilizada com a permissão de The Wylie Agency (UK) Limited/ *Briefe an Véra* de Vladimir Nabokov/ Traduzida por Ludger Tolksdorf; Publicado por Brian Boyd e Olga Voronina; © 2017, Rowohlt Verlag GmbH, Hamburgo/ Carta de Vladimir Nabokov para Vera reproduzida com a permissão de Adelphi Edizioni S.p.A/ © Librairie Arthème Fayard, 2017/ 837 palavras de *Letters to Vera* de Vladimir Nabokov. Copyright © The Estate of Vladimir Nabokov, 2014. Introdução e apêndice dois © Brian Boyd, 2014. Notas de tradução © 2014, Olga Voronina/ Excertos de *Letters to Vera* de Vladimir Nabokov, organizados e traduzidos por Olga Voronina e Brian Boyd, compilação copyright © 2014 by The Estate of Vladimir Nabokov. Utilizados com a permissão de Alfred A. Knopf, um impresso do grupo Knopf Doubleday, uma divisão da Penguin Random House LLC. Todos os direitos reservados.

Carta 07: "Paris, July 26, 1908" de *The Gonne--Yeats Letters 1893-1938* de Anna MacBride White e A. Norman Jeffares. Copyright © 1992 by Anna MacBride White e A. Norman Jeffares. Copyright © 1992 by Anna MacBride White. Copyright ©

1992 by Michael Yeats e Anne Yeats. Utilizada com a permissão de W. W. Norton & Company, Inc./ Reproduzida com a gentil permissão de Iseult White, bisneta de Maud Gonne.

Carta 09: De *Hope, Abandoned* by Nadezhda Mandelstam. Publicada por Harvill Secker. Reproduzida com a permissão do grupo Random House Limited © 2011.

Carta 10: Reproduzida com a permissão de The Joy Harris Literary Agency, Inc.

Carta 11: Traduzida com a cortesia de Rolf Gross. Agradecimentos a Cornelius Gross.

Carta 13: De *War Within and Without: Diaries and Letters* de Anne Morrow Lindbergh. Copyright © 1980 by Anne Morrow Lindbergh. Reproduzida com a permissão de Houghton Mifflin Harcourt Publishing Company. Todos os direitos reservados/ Reproduzida com a permissão de Dunham Literary, Inc. como agente da autora. Copyright © 1980 by Anne Morrow Lindbergh.

Carta 15: Texto introdutório reproduzido de *Cartas brasileiras* (Companhia das Letras, 2017), com a gentil permissão de Sérgio Rodrigues. Carta reproduzida de *Correspondência Machado de Assis & Joaquim Nabuco* (Academia Brasileira de Letras/ Topbooks, 2003).

Carta 16: Reproduzida com a gentil permissão de Émilie Blachère.

Carta 17: Uma doação foi feita para a ACLU em memória dos Lovings.

Carta 18: Texto introdutório reproduzido com a gentil permissão do Correio IMS/ Instituto Moreira Salles. Crônica publicada no *Diário Carioca*, Rio de Janeiro, 29 out. 1953 e reproduzida com a gentil permissão da família e da Agência Riff.

Carta 20: *Just the Thing: Selected Letters of James Schuyler, 1951-1991* organizado por William Corbett. Copyright © 2004 by William Corbett e the Estate of James Schuyler. Copyright © 2019 by the Estate of William Corbett e the Estate of James Schuyler. Reproduzida com a permissão de Turtle Point Press. Todos os direitos reservados.

Carta 22: Copyright © 1936, The Estate of Laura Waugh, utilizada com a permissão de The Wylie Agency (UK) Limited.

Carta 23: Copyright © The Ansel Adams Publishing Rights Trust.

Carta 24: Copyright © 2019 Banco de México Diego Rivera Frida Kahlo Museums Trust. Av. 5 de Mayo N. 2, col. Centro, alc. Cuauhtémoc, c.p. 06000, Cidade do México.

Carta 25: Halbreich Papers, MS 2959, The New York Historical Society.

Carta 27: Reproduzida com a permissão da Nelson Mandela Foundation.

Carta 28: Excerto de *House of Cash* publicado por Insight Editions copyright © 2011 Cash Productions LLC.

Carta 29: Reproduzida com a permissão de Vita Sackville-West Estate.

AGRADECIMENTOS

Para que a publicação de *Cartas extraordinárias* fosse possível, foi fundamental a atuação de uma equipe dedicada e incrivelmente paciente, e esta página serve como um sincero agradecimento a todos que dela participaram, começando pela minha esposa, Karina — não apenas por iniciar minha obsessão por cartas anos atrás, mas por trabalhar comigo como editora de direitos autorais, um papel vital e complexo. Também menciono especialmente minha excelente editora da Canongate Books, Hannah Knowles, que de alguma forma conseguiu manter o foco, apesar de todos os problemas que lhe apresentei.

Meus sinceros agradecimentos igualmente a todos os seguintes: o primeiro e único Jamie Byng, cuja visão e entusiasmo por esta série se mostraram inestimáveis; todos da Canongate Books, incluindo, entre outros, Rafi Romaya, Kate Gibb, Vicki Rutherford e Leila Cruickshank; minha querida família no Letters Live: Jamie, Adam Ackland, Benedict Cumberbatch, Aimie Sullivan, Amelia Richards e Nick Allott; minha agente, Caroline Michel, e todo mundo na Peters, Fraser & Dunlop; os muitos ilustradores que trabalharam nas belas capas desta série; os talentosos artistas que emprestaram suas vozes impressionantes não apenas ao Letters Live, mas também aos audiolivros de *Cartas extraordinárias*; Patti Pirooz; todo arquivista e bibliotecário do mundo; todos na Unbound; a equipe da Agência Wylie por sua assistência e compreensão; meus editores estrangeiros por seu apoio contínuo; e, crucialmente, minha família, por me aturar durante esse processo.

Por fim, e mais importante, agradeço a todos os escritores das cartas cujas palavras constam nestes livros.

A Companhia das Letras agradece ao Correio IMS/ *Instituto Moreira Salles, a Sérgio Rodrigues, à família de Paulo Mendes Campos e à Agência Riff.*

ENTREGA ESPECIAL

Tipografias
Cooper BT & Titling Gothic

Diagramação
Estúdio Bogotá

Papel
Pólen Bold, Suzano S.A.

Impressão
Gráfica Santa Marta, maio de 2020

FSC
www.fsc.org
MISTO
Papel produzido a partir de fontes responsáveis
FSC® C011188

A marca FSC® é a garantia de que a madeira utilizada na fabricação do papel deste livro provém de florestas que foram gerenciadas de maneira ambientalmente correta, socialmente justa e economicamente viável, além de outras fontes de origem controlada.